先生が知っておきたい「仕事」のデザイン

教師1年目から1年間の見通しがもてる思考法

Aoyama Yuta
青山雄太

明治図書

若手の悩みの本質はどこにある？

「見通しがもてなくて目の前のことに精一杯です」
「いつも仕事に追われていて、とりあえず職場にいないと不安な日々です」
ボクのブログ「あお先生の教育らぼ」にもそんな相談や悩みが届くことがあります。

昨今の先生の忙しさは本当に度を超えています。心の病で休職する先生の割合は、ボクが教員になった頃と比べて圧倒的に増えました。いろんな要素が重なっての深刻な教員不足。子どもたちを育てるというやりがいに頼っているだけでは、どうにもならない状況になってきています。

ただ、冒頭の若い先生の悩みを聞いて、違和感をもったのも事実。だって、**これは、ボクも味わってきた悩みや苦労だから**です。

思い返せば教員の初任時代、土日は毎週学校にいました。**やることが終わらないという**

よりは、いないと不安だったからが正しいです。朝の9時から15時ぐらいまで、ほとんど

何もせずぼーっとしていた休日すらありました。何をやらなくちゃいけないかも、わから

ず過ごしたあの時間、仕事のガイドをしてくれる人はいませんでした。1日ぼーっとして、

何かが進んだわけではなく、月曜日に疲れたまま、再び学校に向かう日々。なんとかしな

いといけないけど、何からやったらいいかわからない。そんな状態が何週間も続いていた

んです。2日と2週間と2ヶ月で、先生の仕事を辞めたくなりました。

初任の頃は、精神状態がクラスの状態にも左右されていました。クラスがうまくいって

いる時には上機嫌。でも停滞してくると、心中に不安が渦巻き、気持ちが落ち込む日々。

もう右往左往しながら踏ん張っていたわけです。

苦労話を聞かせたいわけではありません。15年以上経った今でも、この現状は大差ない

のではないかとお伝えしたいのです。

自己紹介が遅れました。青山雄太と言います。15年間公立小学校の教員を務めた後、今

は神奈川県葉山にあるオルタナティブスクール「ヒミツキチ森学園」でグループリーダー

（担任）をしています。月間10万人が訪れる「あお先生の教育らぼ」を運営するブロガーであり、先生向け講座のファシリテーターや講師であり、いろんな活動をしています。

先生を始めて15年以上が経った今でも、この本を開いてくれているあなたの想像よりもずっと楽しく、毎日の仕事にワクワクしています。オルタナティブスクールの先生をしているからワクワクしているのではありません。教員として最後に働いた数年だって、心からワクワクしながら毎日を過ごしていたんです。

しかし、世の中には苦しんでいる先生がたくさんいることを知っています。モヤモヤを抱えてボクを訪ねてくる同期だって、一人や二人じゃありません。元同僚の相談に乗ることも多いです。ワクワクしながら仕事をしている先生は、もしかしたら少しずつ減っているのかもしれません。

では、**毎日楽しそうに仕事をしている先生と、辛そうに仕事をしている先生を分けているのは一体何でしょうか**。その先生の授業の巧さでしょうか、子どもに人気があるからでしょうか。それとも、経験がなせる技？　どれもそうだとも言えそうですが、強い決め手にはなりません。たくさんの同僚を見てきたけれど、それ以外にも要素があることが見えてきました。

それは、**「仕事の仕方が確立されているかどうか」です**。自分の仕事の仕方を確立している先生は、ワクワクしている…。たくさんの先生を見てきてそう思うんです。もちろんボクが楽しくできているのも同じ理由です。

今一度若い先生の悩みに寄り添おうと思います。

「見通しをもてなくて目の前のことで精一杯」というのは、**ビジョンをもてていないということです**。ビジョンって言葉が難しいかもしれませんから、ここでは簡単に「あなたが本当に成し遂げたいこと」と表現します。その仕事のビジョンはなんだろう。これがないと、手当たり次第に問題解決に走ることになります。

そして「いつも仕事に追われて職場にいる」というのは、**仕事の道筋を描けていないということ**。道筋がわかっていないのに手当たり次第行動しちゃうから、結局「やったこと」で不安をかき消そうとしているんです。だからとりあえず職場にいる、職場にいたら、今日も頑張っている自分で誤魔化せるからです。ボクも初任の頃そうだったからわかります。

行動する前にしなくちゃいけないことがある

どうやら先生には、行動する前にしなくちゃいけないことがありそうです。全力疾走でもゴールの方向が違っていたら、タイムロスしてしまいますよね。動き出す前に少し考える時間を取ることで、そんなロスは防げそうです。ボクだってここに気づくまでに10年ぐらいかかったから、慌てなくても大丈夫です。

ボクが悩んで葛藤の中でやり続けたこと…。それを若い先生に知ってもらえば、この状況が少しでも変わるかもしれないと思いました。教わることがなかった仕事の仕方を、学校の中と外、両方で学んだ知識をもとに日々実践した経験から練り上げて、一つの形にしました。それを詳しくお伝えするのが本書です。

1　ビジョンを明確にする
2　たくさんの道筋を描く
3　継続的に実行する

まずビジョン＝あなたが成し遂げたいことを明確にして、そのビジョンに向けてたくさんの道筋を描きます。最後は、道筋の中から選んだことを、継続できることに落とし込んで実行します。シンプルな3つのプロセスです。

ボクはこれを「**先生の仕事をデザインする**」と表現してみました。

どうやら、あなたのモヤモヤを解決するためには、仕事のデザインの仕方を学んでいく必要がありそうです。

この本の構成

ただ、いきなりビジョンは明らかにならないし、道筋を描くのだって経験がいること。

だからこの本では、前半の第1章では、デザインするための考え方に触れようと思います。

第2章、第3章では、学級経営を中心にしたデザインの結果をお見せします。先生の1日のこと、学級の1年のことを例に取り、ボクがデザインしてきたことを解説します。まずまねるって大事、学びはまねびからきているってよく言いますもんね。

そして後半の第4章から第5章では、学級経営を自分でデザインしていく方法を、そして仕事に追われなくなるためのタスクデザインについて書いていきます。デザインをタスク管理にも取り入れることで、自分の仕事の舵を取ることができるのです。もちろんこのデザインも発展途上、現段階で自分が考えていることです。デザインの本質を、若手のあなたにもわかりやすく、精一杯書き記したつもりです。

ちなみにボクが日々書いているブログ「あお先生の教育らぼ」にはそんなデザインの結果やプロセスが載っています。時事ネタじゃなくて、10年後、20年後も読まれるように設計してあるので、そちらもぜひ参考にしてほしいのです。

これからの先生たちが、どうかボクと同じ悩みをしないでほしい。そんなことは解決済みで、この本を読んでさらに前に進める状態になってほしい。

あなたには、ボクができなかった悩みをしてほしい。それが今の自分にできる、現役の先生に役立てることだと思っています。

この本が自分の仕事に悩む先生の道標になることを願って…。本書で一緒に学んでいきましょう。

青山　雄太

CONTENTS

はじめに

第1章 仕事をデザインするための考え方

01 先生の仕事をデザインする全体像 018
02 ビジョンを明らかにする 022
03 たくさんの道筋を描いてみる 026
04 継続に落とし込んで、実行する 030
05 時間と多様性は先生の味方 034
Column 01 最大化させることが先生の成長を生むのか？ 038

第2章 学級の1日をデザインする

01 ビジョンを明らかにした朝の会と帰りの会 …… 042
02 仕組みを生かして先生とのつながりを積み上げる …… 046
03 仕組みとつながりで仲を深めるペアづくり …… 050
04 読み聞かせでゆったりした空気も大切にする …… 054
05 流動的なメンバーで行う清掃指導・給食指導 …… 058
06 ゴールを自分で設定して試行錯誤するプロジェクト活動 …… 062
07 問いと継続で深まる子どもたちのリフレクション …… 066
Column 02 1％の改善可能なことに注力する …… 070

第3章 学級の1年をデザインする

01 「つくる」・「つながる」で学級開きをデザインする 074
02 ビジョンとビーイングで学級目標をデザインする 078
03 授業参観はストーリーでデザインする 082
04 親も満足する、「語り合える」懇談会をデザインする 086
05 対話が生まれる個人面談をデザインする 090
06 日常との架け橋を意識して学校行事をデザインする 094
07 校外学習・体験学習を子どもたちとデザインする 098
08 評価を日常に織り込み、成績作成をデザインする 102
09 学年末・卒業をデザインする 106
Column 03 これからの時代の先生の役割って 110

第4章

実際に「仕事」をデザインしてみよう

01 学級経営における「ハレ」と「ケ」を考える …… 114
02 ビジョンと、そこから逆算するプログラムデザイン …… 118
03 ビジョンから力をもらう …… 122
04 道筋を描くための問いを活用する …… 126
05 実行案を選ぶために3つの基準をもつ …… 130
06 実行へのプロセスに多くの人を巻き込む …… 134
07 日常（ケ）への取り組みをデザインする …… 138
Column 04 車を走らせながら考える …… 142

第5章 時間を生み出すタスクデザイン

01 タスクデザインとは何か？ 146
02 インボックスの置き場をデザインする 150
03 優先順位の2軸でタスクデザインする 154
04 タスクデザインのサイズダウン 158
05 タスクのハードルを下げるコツ 162
06 クローズタスクリストという武器のデザイン 166
07 ログを使ってタスクデザインを改善する 170
08 タスクをルーティン化する 174
Column 05 タスクデザインを日常へ 178

巻末企画

1年目から超役立つ あお先生のミニハック

01 思考するための時間を毎日キープする 182
02 教員手帳という強い味方 184
03 人生を大きく変えた18分集中法 186
04 カウンターを使って努力を数値化する 188
05 タスク管理のためのデジタルツール 190
06 マインドフルネスという武器 192
07 音声入力を活用する 194
08 教室に置きたい必須アイテム一覧 196

おわりに
参考文献一覧

第1章

仕事をデザインするための考え方

01 先生の仕事をデザインする全体像

数多く試し、その中で本当に効果があったことを、継続できる形で実行する…。すると驚くような変化が学級の中に生まれます。**ボクが見たいのは、子どもたちが自分のどまんなかで生きていく姿**、子どもたちに起こる変化です。

本から学んでも、すごい人の話を聞いても、自分の日常が変わらなくては意味がありません。自分の仕事の仕方はどうか、学級の子どもたちの様子はどうか、常にどんな成果があるのか、結果に結びつけるまで試して、シンプルな形で実行するだけです。

デザインのために考える時間は実践前の段階で少しだけ、後は実践しながら進みます。

さて、仕事をデザインする上で大事にしている考え方を「はじめに」に引き続き、下に挙げてみます。

まず、何を成し遂げたいかという「ビジョンを明確にする」ことからスタートしてみましょう。問題解決ではなくて、自分が生み出したいものにフォーカスを当てること。学校現場では問題解決に割かれる時間が多いように思われます。何か起きた場合にはその対策を、子どもに問題がある場合は関連機関との接続を。もちろん解決する思考も必要なのですが、問題は解決しても、問題がなかった状態に戻るだけ。システム思考では「アテンションを一番大切なことに向ける」という言葉で表現されることが多いのですが、生み出したいことに意識を向けることはとても重要です。

「自分の成し遂げたいことは何？」「ボクらが生み出したいことはなんだろう？」

生み出したい状態を明確に描くことができ、そこへアプローチできれば、問題は問題ではなくなっている…。そんな発想の転換こそ、今の学校に必要なのではないでしょうか。

次に**ビジョンへのたくさんの道筋を描くということ、これは数の勝負です**。考えては試し、実行しながらまた考える、の繰り返しです。たくさんの道筋を描き実践してこそ、効果があるものがわかってきます。大事なのは道筋の数が2、3個じゃないということ。忙しさに追われる先生は、最初に描いた道筋を採用しがちです。かつてのボクもそうでした。今では、直前までいろんな可能性があり、道筋は多様なことを知っています。子どもたちの声を聞いて変化させていく、授業直前に「やっぱりこっちにしようと決める」など、いろんな可能性がありそうです。そう、描く時のポイントは柔軟性です。

そして最後の段階は**継続できることに落とし込んで実行する**ということ。徹底して実行を繰り返します。1日2日のことではなく、いいと思ったこと、ビジョンに近づく行動は毎日続けていく必要があります。先生がするものと、子どもたちにさせるものがあるでしょう。ただ、両者ともに続けていくんです。継続がもたらす力の凄さをボクは知っています。いや、**継続したものにしか効果は生まれないのです**。

なぜデザインすることが必要なのか

どうして仕事をデザインすることが大事なのでしょうか。「はじめに」では、仕事の仕方を確立したいからと話しました。では、どうして仕事の仕方を確立することが必要なのでしょうか。

それは、**自分の仕事の舵を自分で取ることで主体的に仕事ができるから**です。

近年、心の病を患う先生が増えています。実はボクの周りにもチラホラ、「え、この先生が？」という人だって、心を病んでしまうことが増えてきました。

専門家ではないので病んでしまうメカニズムまではわかりませんが、その要因のうちの一つには、「主体的に仕事ができない環境」があると感じています。ボク自身もやらされていたり、嫌々やっていたりした仕事が続くと、鬱々とした気持ちになっていました。

この鬱々とした気持ちを取り除くには、自分の仕事を自分で進めている感覚が必要になります。

舵を取る感覚が主体性であり、先生だって誰だって、「前向きに進んでいる感覚」をもって仕事をしたいですよね。

だからこそそのデザインです。自分で主体的に描いたアイデアを実践していくプロセスが、先生を元気にしてくれるはずです。３つのプロセスにはもう少し具体例が必要かもしれません。次の頁からは細かく具体例とともに見ていきます。

POINT

・①ビジョンを明確にして、②たくさんの道筋を描き、③継続的に実行してみよう。

02 ビジョンを明らかにする

デザインの第1ステップは「**ビジョンを明らかにする**」です。

何を成し遂げたいかというビジョンを明確にすることは、多くの先生が忘れてしまっていることかもしれません。最初は自分がやりたかったことでも、同じことを繰り返していくうちに、いつの間にかビジョンがすり替わってしまうことがあります。手段が目的になってしまう……この言葉は言い得て妙ですよね。

明らかにしたいビジョンとは？

ビジョンとは、「**あなたが本当に成し遂げたいもの**」です。

ボクらは何を生み出したいのか、忘れてはいけないビジョンを明らかにしてから、すべてを始めましょう。

まずは自分に問いかけてみてください。

「運動会で子どもたちに生み出したいものは何？」

「国語のこの単元の授業で生み出したいものは何？」

「半年後、クラスに生み出したいものはなんですか？」

問いを自分に投げかけてみると、なんだかパワーが湧いてきませんか。

解決したいものじゃないんです、生み出したいものです。運動会をやるとしても、ビジョンはそれぞれの先生で違いますよね。

「同僚と協力して、子どもたちの笑顔が見たい」

「団結力で、学年競技でよい結果が出て、クラスにまとまりを生みたい」

それぞれがビジョンをもっています。あなたが成し遂げたいものは、もしかしたら隣のクラスの先生とは違うかもしれません。そんな時は、無理に擦り合わせず、それぞれでいいのです。

『学習する組織』（ピーター・M・センゲ著、英治出版）の中でロバートフリッツの言葉に、「**どんなビジョンかは問題ではない。ビジョンが何を起こすかが問題だ**」というものがあります。運動会のビジョンの中身は大きな問題じゃないんです。そこには正しい、正しくないということはありません。**ビジョンを掲げた時点で、自分の注意がそこに向いて、成**

し遂げたいものへのアプローチが生まれます。そこへ向けての1歩目が自然と切れるようになるんです。ビジョンをもつこと自体に大きな力があって、ビジョンが活力をくれるんです。

だからこそ、あなたにもビジョンをもってほしいのです。

私が成し遂げたいビジョン

ちなみにボクが成し遂げたいビジョンは次の3つです。

・自分のどまんなかで生きる
・幸せな働き方を広め、軽やかに先生する人を全国に増やす
・家族、仲間、出会う人の未来と可能性を信じ、Win-Winをつくる

今はこの3つを大事にしています。ボクはこの3つのことを毎月の行動目標に落とし込んで、何をしたらいいか、何をしたいかを手帳に記しています。

この3つは自分にとって非常に重要なビジョンです。だから書き出して、毎朝読んでいます。実際に読むことで、「あ、こんなことやってみようかな」とアイデアが思い浮かぶ

ことがあります。

ビジョンをまずは書き記してみること、それこそがスタートです。言葉にするからこそ、自分がそれを本当に望んでいるのか、自分が本当にやりたいことなのかを吟味する機会が生まれます。ビジョンは描いたら終わりではなく、何度も自分に問いかけます。その価値、意義が明確になってくると、ビジョンが自分のやることを生み出してくれる感覚を得られるでしょう。

まず、自分が成し遂げたいことから始めてみましょう。それが間違っているなんてことはないので。ビジョンをもつことで何が変わるか、現実がどう動いていくのかを見極めてみてください。まずは大人であるあなたがビジョンをもって毎日を過ごしてみましょう。ビジョンを誰かに語りましょう。すべてのことは、生み出したいものをイメージすることからスタートします。

POINT

- **あなたが本当に生み出したいと願っているものはなんだろう。**
- **何事もビジョンを描くことからスタートしてみよう。**

03 たくさんの道筋を描いてみる

2つ目のプロセスは、膨張です。多くの打ち手の中からひとつを選ぶことを忘れてはいけません。

だからこそやります。多くの道筋を描き、アイデアを膨らまし切るのです。

自分の役割が体育主任だとして、「同じ学年の先生たちと一緒に運動会をやり遂げたい」というビジョンを描いたとしましょう。すると、打ち手はたくさん思い浮かびます。

- 学年競技のあり方を例年と変えてみる
- 毎日運動会のことを10分だけ、学年で話す
- 体育部を集めて、コロナ禍の運動会にできることを話し合う
- 学年の先生と1対1で、どんな運動会にしたいかヒアリングする
- 演技の中に、学年で協力できる場面、それによって生まれる感動をデザインする

2、3分考えただけで、ボクはこのくらい思い浮かびました。

このステップでは一人でじっくりと考えてもいいし、学年でたくさん挙げるのもいいでしょう。ただ、若い先生はまずは一人でやってみるのがよいと思います。かける時間は20分ぐらいでしょうか。最初はスラスラ思い浮かんでも、ある一定時間が過ぎるとピタッと浮かばなくなる時がきます。でも、止まってからが勝負、粘ってみるからこそ、今までになかった発想が生まれてきます。自分なりの集中できる方法で、たくさんのアイデアを出します。

一人で出した上で仲間と一緒に擦り合わせると、そのアイデアは膨張していきます。一人でやるとスッキリしますが、特定のところまで行くと、広がりません。もっともっと膨らませるには、誰かとやった方がより効果的です。

こうやってたくさん挙げたアイデアを絞り込むために次のステップに向かいます。

なぜアイデアを膨張させることが必要か

先生は、1つ目のアイデアを採用して決断することが、多いのではないでしょうか。若い先生だと、思い浮かぶ道筋が少ないこともあるでしょう。当然です、経験がないのですから。

以前、ブログの出だしの文章を20挙げてから1つを選ぶという書き方をしている人に出会ったことがあります。最初は「なんて非効率なことをしているのか」と思ったのですが、やってみると、たくさん挙げた方が明らかにいい文章になるのです。

「あれ、物事ってこんなにたくさん描く必要があるのか」とそのとき衝撃を受けたのを覚えています。

じゃあボクらが教室でやっている判断や行動も、もっとたくさんの可能性を描いた上で進めていったら効果が上がるんじゃないか…。そう思ったのが始まりでした。やってみると、明らかにそちらの方が、いい効果が生まれます。たくさん挙げているから、選択肢が多数あるからこそ、いいものができるんです。

膨張させる過程の中で、多くの可能性が生まれます。そして**誰かとアイデアを出し合うと、そのアイデアの裏にある、個人の想いを知ることができます**。この個人の想いを導き出すことこそ、膨張の価値なんだと考えています。

だからこそ最近では、アイデアを子どもたちと出し合っています。

ヒミツキチ森学園では、今年度、伊豆大島にはじめての修学旅行に行きました。行き先、予算組み、何をするか、どう移動するかまで子どもたちが決めていきました。自分たちで調べて自分たちでつくる…。そのアイデアの膨張過程に子どもたちを一緒に巻き込みました。お互いの想いを知り、その上で決断することは難しかったけれど、その分、子どもたちが心から満足する修学旅行にすることができました。

公立小学校での実践はノンフィクションとフィクションを混ぜながら、第4章に載せていますので、そちらも読んでいただけたらと思います。

先生はたくさんの道筋を描く中で、子どもたちの発想が入る隙間をつくっておくとよさそうです。何度も繰り返しますが、道筋はたくさんある方がいい。だから、子どもたちの力を借りながらこの段階では膨らませていくのです。

POINT

- 道筋（アイデア）はたくさん描いて、その中から絞り込む習慣をつけよう。
- 子どもたちの意見が入る隙間をつくっておこう。

04 継続に落とし込んで、実行する

たくさんの道筋を描いたら、最後は**継続に落とし込んで実行していきます**。

ここでの大事なポイントは2つあります。ひとつは、**毎日続けられる活動に絞ること**。

もうひとつは、**効果を数値化して判断すること**です。

毎日続けられる活動に絞って実行する

たくさんの道筋を描いた後は、継続の力を上手に利用しながら実行していきます。ビジョンに照らし合わせて実行する活動は、毎日続けられるものに絞るんです。

日々続けている活動は限られていて、ボクがデザインした例は第2章で紹介しています。学級の中で一番続けてきたのは、「一筆箋」でしょうか（138頁参照）。子どもたちへの学級通信以外に、親と子どもをつなぐチャンネルはないかと考えていたところ、一筆箋に出会いました。子どもたちのいいところを書いて渡すというシンプルな活動ですが、個人向けの学級通信という意味合いもあり、始めました。

続けていると他の効果も見えてくるんですね。たとえば渡す時に、一筆箋で伝えていくと、自分の言葉が一人ひとりの子どもに届くことを感じるようになりました。何度も試行錯誤を続けて届くようになったんです。

また、子どもがそっけない態度でも大丈夫、内心嬉しいことを知っています。これも継続しているからわかることですし、1枚じゃ信頼してもらえなくても、5、6枚と続けていくから、子どもや親からの信頼につながります。先生からの声かけ（46頁参照）との相性もよく、毎日続けていくことで相乗効果が生まれていきました。


活動を絞ったら徹底して継続する。そうすることで価値はどんどん高まっていきます。

効果を数値化して、振り返りの材料にする

ポイントのもうひとつは、**効果を数値化して振り返りの材料にすること**です。

教育現場では、どう効果があったかを、先生個人の感覚に頼りすぎているように感じます。帰りの会で友達のいいところを発表する活動、よくありますよね。この場合、発表で

きる人が数人で、他は聞くだけになってしまいます。システムにエラーが起こっているのに、気づかない場合も多い。「この活動が子どもたちにとって有効かどうか」って、なかなか判断しにくいんですよね。

だからちゃんと数値化していきます。**手を挙げた人数は何人か、子どもたちが語った友達の人数はどのくらいか。これを数値化して毎日測ってみる**のです。すると、思ったより少なく、参加していない人が圧倒的に多いなぁということに気づく。だったら、「ペアで帰りにお互いのよかったところを話す」に変えてみるのはどうか、ということを思いつく。

ボクが毎日続けていた朝と帰りの一人ひとりへの声かけ（46頁参照）は、何分でできたかを測っていました。これが30分かかるなら長すぎます。最初は25分ぐらいかかっていましたが、なんとか短縮できないかと考えます。すると、丸つけだけは自分でしてもらって、子どもたちと話すことや聞くことを中心にしてみる。宿題を忘れてしまった子も、そのことだけを伝えにくる。人数を「今25人だよー」と伝えると、出していなかった人がわらわらと来るなど、実行可能なアイデアが生まれました。

数値化しているから、次へのアイデアが生まれるんですね。最終的に15分間で、全員とのやりとりができるようになりました。

毎日続ける活動に効果があるかは、しっかりと測定しながら進みます。**子どもたちにとっていいことは無数にあるんです**。無数にある手を試しながらも、その中から価値ある一手を絞り込んで続けていく…。先生にはこういう姿勢が必要になります。シンプルに実行する一手に価値があれば、子どもたちは変化していくのです。

そして数値化が力を発揮するのは振り返りの際です。先生の感触や感覚に頼っていると、振り返った時も客観的な視点が得られないでしょう。でも数値があると、振り返りのための材料になります。

「今日は20分もかかってしまって、朝の会が短くなってしまった。1時間目に専科の授業が入っている時は、最後の数人は自主学習ノートを一旦預かろうかな」。このように**数値化してデータとして見ることで、振り返って次の手を打ちやすくなります**。仕事はデザインしただけではダメで、実行する中で、振り返ってよりよくしていきます。

POINT

- 毎日続けられる活動に絞って実行しよう。
- 数値化して振り返ることで改善をしていこう。

05 時間と多様性は先生の味方

さてもう一度確認しましょう。

①ビジョンを明確にする
②たくさんの道筋を描く
③継続的に実行する

この3つのデザインがなぜ、先生の仕事に効くのか、もう少し解説させてください。

時間を味方につける

このデザインは、先生の経験が増えるに連れて、熟練されていきます。選択肢を描く際に、多数の打ち手を思いつくようになります。担任であれば、1年の大まかな流れは変わりません。繰り返すことで、見えてくることも増えて、成熟していくのもうなずけます。

言い換えるならば、**時間を味方につけられるかどうか**です。最近、短い年数で教員を退職する人も増えているそうです。「その経験年数ではもったいないのでは？」といつも思うのです。若い頃にベテランの先生が「何やっても楽しい期間を越えた時に、本当の壁が待っているんだよ」と話してくれたのが心に残っています。事実、その時期を越えてから先生としての難しさにぶつかり、その壁を越えることで一段階上の力がつきました。

さらには実行でうまくいかない時に、２番目の道筋に戻ることで他の手を打つことができます。時間が生んだ結果を振り返り次に生かすことだってできるのです。

何かを続けていくことが積み重なり、自分なりの理論が生まれることが「経験」なのではないでしょうか。経験による時間を味方につけることで、より効果の高いものを生み出すことができるのです。

先生の多様性が、子どもの成長につながる

これは次のコラムにも詳しく書いていることですが、先生の多様性が、子どもたちの成

長につながることを確信しています。よく「学級通信は学年全員が出せないなら控えてほしい」といった、同じ取り組みに揃えることが議論にあがります。ボクは「揃えるのはビジョンであって、取り組みは先生に任せるを良し」として仕事をしてきました。どうしてかというと、**揃えること、控えることで、先生は多様性をどんどん失ってしまうから**です。

隣のクラスも似たような先生…そこで育つ子どもたちを想像してみてください、ちょっとゾッとしませんか。子どもの頃の自分を思い出すと、自分の父親も母親も、近くのスーパーのおじさんも、野球のコーチも、一人ひとり違ったんですよね。何かひとつの価値観や考え方に窮屈さを覚えたら、違うことを考えている大人のところに行っていました。**違うからよかった。いろんな大人の面白さに触れながら成長することができました**。

先生って多様だから面白いんですよ。まったく同じことやっていたらつまらない。多様だからこそ、多くの道筋をデザインする時に、いろんなアイデアが出てくるんです。

そして多様性とつながってきますが、あなただからできることがあります。ボクが初任者の頃、「はじめに」に書いたように正直しんどい時がありました。でもその気持ちが軽くなった瞬間を覚えています。それは夏休みに入る直前、「あ、こんな先生がいてもいいんじゃないかな」って感覚を得たんです。それまでの3ヶ月、苦しみ続けました。先生になろうと必死でした。でも周りを見回してみると、面白く頼りになる先輩たちが多かった。当時誰も使っていなかったMacを教えてくれた先輩もいました。飲みに連れ出して可愛がってくれた先輩もいました。そういう先輩たちは、多分に漏れず職員室では隅っこにいました（笑）。なかなか管理職や学校の中心となる先輩には理解されないんですよ。でも**そんな先輩たちを見て、自分は自分でいいんじゃないかなぁって思えた**んです。

この経験は本当に大きかった。

あなたにしかできないことが必ずあります。若いとどうしても自信を失いがちになりますが、そこで誰かに合わせるんじゃなくて、**自分の仕事を自分でデザインしてみてください**。結果がついてくるのはまだ先かもしれませんが、主体的に起こした行動の中にこそ、自分のやり方を見つけるヒントがあります。

時間を味方につけ、多様性を大事に、自分らしい方法を見つける、それが軽やかに先生をしていく道標になるはずです。

POINT

- **時間を味方につけ、多様性を大事に、自分らしい方法を見つけよう。**

第1章ではこの本の考え方を示しました。ここで改めて先生の成長について考えてみたいと思います。

一旦、話が飛びますが、我が家の話をさせてください。我が家には二人の娘がいます。ボクもたくさんの子どもたちに会ってきましたが、我が子の教育はまったくの初心者、悩みながら進めています。

そこで話題に挙がるのが「最大化は意味があるか？」ということ。多くの親が我が子に「最大化」という選択肢を与えていないでしょうか。進学校に入れて、進学塾に通わせる、**子どもにとっていいパーツを組み合わせて、足していけば、勉強ができるようになるだろう**という考え方です。でもそうやって育った子が幸せな未来を送れるかというと、そうとは言い切れないのが現実なのではないでしょうか。いい学校に入れれば、いい会社に入れて、一生安泰…。そんな社会は20年前に崩壊しているはずです。しかしながら、まだまだ自分が通ってきた道と同様、最大化がいいことだと考える親、いますよね。

実はこれと同じことが先生の成長にも言えるのではないでしょうか。

授業研究を熱心にして、全国大会で発表して、校内では研究主任もして…こういう最大化が良しとされている気風はあります。確かにそういうことができる先生もいるでしょう。

でもその先生がいつも子どもたちにとって素晴らしい先生かというと、そうとは言い切れないよなぁと。そもそも全員がそこを目指せない…最大化していった先に、燃え尽きてしまった先生を何人も見てきたからです。

では、**これからの社会で、先生として、どう成長していくのが望ましいのでしょうか**。難しい問いだと思いますが、そこに向き合い続けていかなくてはいけないと思うのです。ボクは、**この閉塞感を打開する活路を、学校とはまったく違う場所に身を置くことに見出してきました**。

普段は先生をやりつつ、インプロの講師として活動している友人がいます。教員をしながら、マナティーを守る自然保護団体の会社を立ち上げた先生もいます。

彼らと接していて思うのが、**楽しそうに生きているということ**。本業でもきっといい先生だろうなぁというのを感じるんですよね。

ボク自身も、学校とはまったく違うコミュニティに身を置いていました。社会人の方と、「ライフハック」というデジタルを使ったツールを学ぶ会です。そこで学んだのが、ブログであり、この本でご紹介するタスク管理であり、ボクの多様な在り方の根っこをつくったものばかりなんです。これって面白いですよね。今もヒミツキチ森学園で先生をしながら、「横浜をつなげる30人」という活動で地元を盛り上げています。

まったく違う畑の人と話すと、新しいアイデアが湧いてきます。**「これ、教育に置き換えると、どんなことが言えるだろうか」という、学びの越境が起こります**。そんな学校の外に出ることを通じて、ボクも先生という本業に生かしてきました。そしてそこには新たな仲間ができて、同僚には話せないことも聞いてもらえたりして、随分と支えられました。

こう書いてはいますが、実際に通ってきたのはイバラの道。あまり付き合いもいい方ではないボクは、「もっと飲み会に来いよ」「集まりに出なよ」と言われた時期もありました。学校の中の研究にもっと時間を割くべきだと見ていた同僚もいたと思います。一歩外れた道だからこそ、時に不安になることもありました。それでも外に出て自分の道を歩んできたのは、その方が子どもたちのためになると思ったからです。

最大化させることも一つの道ですが、**一人の先生の魅力を引き出すのは、多様性の方に舵を切ることです**。15年の教員生活を振り返ってみて、ボクはこちらに舵を切ってよかったと思っています。同じような人を生み出す組織よりも、違う人を受け入れる組織でありたい…。その実現のためには、まず自分から人と違うことをしてみる。そしてそんな自分の魅力にＯＫを出すところから始めてみるのはどうでしょうか。

第2章

学級の1日をデザインする

01 ビジョンを明らかにした朝の会と帰りの会

朝の会が連絡事項だけになり、単調です。1時間目も迫っているため、慌ただしく伝えるだけになっています。同じように帰りの会には係からの報告が相次ぎ、下校時刻が伸びがちに…。子どもたちが満足できる朝と帰りの会にするにはどうしたらいいでしょうか。

朝と帰りの会のビジョンはそれぞれ違います。それぞれのビジョンを見据えることで、削れる活動は削り、シンプルに実行していきましょう。

朝の会と帰りの会のビジョンは？

1日のスタートである朝の会で、生み出したいものは何でしょうか。ボクは**1日の始まりにみんなで集まることに意味があり、その日への期待感が生まれる場であってほしい**、とビジョンをもっていました。そのために、どの学年でも子どもたちが毎日続けられる活動を入れていました。

その中でもおすすめなのが、ペアトークです。お題と話す順番を決めて、話を聞き合います。ただ聞き合うだけではなく、オープンクエスチョンを使って、相手の話したいことを引き出すのを大事にしていました（『よくわかる学級ファシリテーション②　子どもホワイトボード・ミーティング編』岩瀬直樹・ちょんせいこ著、解放出版社）。

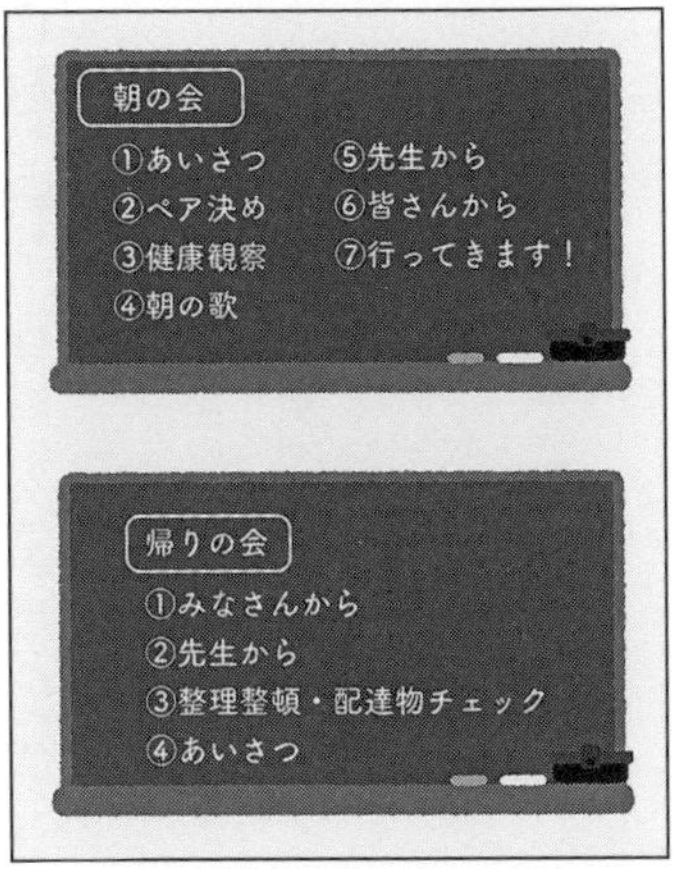

相手の考えの解像度を上げながら話を聞くことができるようになると、トークも楽しく

なります。

さらには、揉め事も減ってきます。だから毎日毎日続けるのです。

では、帰りの会のビジョンは何でしょうか。

帰りの会では、**「今日もよかったな」とポジティブに振り返り、早めに帰ること**を大事にしていました。

朝の会とは反対に至ってシンプル。連絡も最小限にとどめて、早く帰れるようにします。ソワソワしている子どもたち、帰りの会が長くなってしまうのは逆効果ですよね。

明日の持ち物など重要な連絡は短い方が心に残りますし、係からの連絡等についても、「可能な限り、明日の朝に連絡しよう」としていました。連絡のほとんどは、翌日の朝で十分。次の行動が生まれる朝の方が価値も高いのです。

朝と帰りの活動を「離れ小島」にしない

そしてもう1つ大事なのが、**朝と帰りの会の活動を、日常の学習と切り離して考えない**

ことです。

朝の会に1分間スピーチをやる先生もいると思います。その活動、朝の会だけのものになっていませんか？　それを、国語の学習で学んだ成果を発表する、家庭科の学習でつくったエプロンを発表する等の場にして、授業内容とつなげると価値も変わってきます。

ペア活動（50頁参照）も同様です。ペアでのトークを１日の授業の中に７、８回入れていました。１日の中でペアを活用するからこその、朝の会でのペアづくりなんですね。帰りの会では、振り返りジャーナル（『「振り返りジャーナル」で子どもとつながるクラス運営』岩瀬直樹・ちょんせいこ著、ナツメ社教育書ブックス）を書いていた年も多かったです。それも授業とつなげて書くことを心がけていました。授業の直後に振り返りをしていた日も、数多くありました。いつでも帰りの会ではなくていいのです。

全員が続けられることがあるといいですよね。ペア活動は全員ができますが、日直のスピーチは、１人か２人が発表してあとは聞き役。全員ではないですよね。**朝と帰りの会の活動がビジョンのためにあって、日々の授業とどうつながっているかが重要**です。そこを問い直しながら、自分のクラスの朝と帰りの会を見てみてください、何か気づきませんか。クラスのビジョンにつながる朝と帰りの活動を見出していきましょう。

02 仕組みを生かして先生とのつながりを積み上げる

子どもたちとの関係性がまだ築けていません。高学年ということもあり、自分の声がちゃんと届いているのかどうか、子どもたちの表情もよくないような…。不安になります。なんとなくクラスもガチャガチャしていて、指示も通りにくくなっている気がしているんです。どうしたらいいでしょうか？

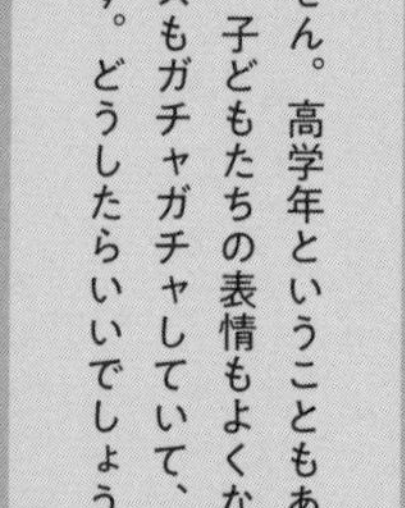

1対30でなんとかしようと考えていませんか。大人数を相手にする際も1対1での関係性が大事になります。1対1を30回、コミュニケーションを毎日積み上げていきましょう。

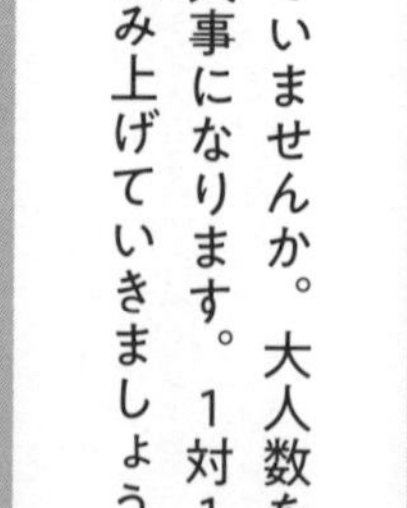

２年目に保護者が伝えてくれた一言

教員2年目、保護者がボクに伝えてくれた言葉があります。

「先生、子どもたち全員と１日２回話してください」

当時のボクは、正直、「全員とは無理じゃないか…」と思いました。教室には40名近い子どもたちがいました。全員と2回話すと毎日合計80回のやり取り。そりゃ難しい。きっと誰もがそう思いますよね。

こうやって本を出版していますが、教員を始めてから今に至るまで、すべてが順風満帆だったわけではありません。関係性に苦しんだ1年だってありました。最後までつながりをつくれなかった悔しさに涙したこと、今でも思い出します。毎日2回ずつコミュニケーションを取ろうと思ったのは、学級に苦しんだ翌年でした。あの時の保護者の言葉をふと思い出したんです。ボクに必要なのは、１日２回を毎日やり切る覚悟なんじゃないかと。時間がかかるからどの先生もやっていないけれど、**だからこそボクはひたすらコミュニケーションに時間をかけてみよう**、そう思ったんですね。

「毎日の子どもとのやりとりの積み重ねが、信頼関係の基礎をつくる」が、子どもとの関係性のビジョンです。ボクが先生をやっていて確信していること、それは**コミュニケーションは努力だということ**です。

努力は意志ではなく「仕組み」に頼る

でも80回のコミュニケーション、自分の意志だけで続けるのは難しいです。だから仕組みの力を借りようと思いました。継続のために大事なのは、無理なく続けられる仕組みをつくること。もしこれが、すべてのコミュニケーションを自分から取りに行くのだとしたら…、きっと三日坊主になりますよね。**先生が話しに行くのではなくて、子どもからボクの元へやり取りしに来てもらうのはどうか**と考えたんです。「話に来てね」ではないですよ（笑）。**何かの活動をするついでにコミュニケーションをとる、先生のもとに来る意味をデザインするのです**。朝は宿題を提出しますし、帰りは振り返りを提出します。だったらそこでコミュニケーションを取るようにしようと考えました。

「今日の宿題、よく解けてるよ」「サッカー、観た？　モドリッチがすごかったよね」

何でもいいんです。一人ひとりに合わせて話し、子どもの話をよく聴くことを意識しました。**ポイントは毎日行うこと。総量で勝負します**。回数が少なければ、できなかったことが目立ちますが、毎日となれば年間四百回。「髪切ってません（笑）」って言われた時も焦ることなく、また次の日にコミュニケーションを取ればいい。

なんだこんなことか、と思うかもしれませんが、**毎日徹底してやることに価値があります**。地道な積み重ねが子どもとの信頼関係を築くのです。**先生の声が届かない原因は、先生と子どもとの関係性が乏しいからです**。子どもは関係性ができた人の話はよく聞きます。自分の話を聞いてくれる人の話は、聞きたくなるんです。話を聞いてもらうのは話し方のスキルではなく、関係性があるかどうかだということを忘れないように。

読者の中には、コミュニケーションを先生から取りに行かなくてもいいのかと思う方がいるかもしれません。もちろん先生からも取りに行きます。ただ先生からのコミュニケーションはどうしても回数に偏りが出ます。話しやすい子、リアクションがいい子に話しかけたくなるのが人間です。でも1日2回のコミュニケーションが前提であれば、最低でも2回は確保できているということ。それ以上の回数でのコミュニケーションの偏りは、案外子どもたちも気にならないものですよ。

03 仕組みとつながりで仲を深めるペアづくり

教室の中の子ども同士の喧嘩が絶えません。その仲裁で時間が取られてしまいます。どちらが何をしたか聞き取っても、子どもの言うことなので、曖昧なことが多くて…。毎日仲裁に時間を取られて、授業も遅れ気味です。

喧嘩の仲裁にフォーカスを当ててしまうと、疲弊してしまいますよね。喧嘩をどうするかじゃなくて、喧嘩に向かわない関係性をつくるには?と考えてみるのはどうでしょう。

学級内の多様な関係性に目を向ける

毎日の声かけで、子どもと先生との関係が良好になり始めます。ただ、それだけでは不十分です。子ども同士の関係性は、勝手につくられてはいきません。喧嘩が絶えないのは、関係性が冷え切っている組み合わせで毎日を過ごしているから。特定の組み合わせ以外にも、学級にはたくさんの関係性が存在します。そこに目を向けていきましょう。

子どもは放っておくと、自分が居心地のよい関係性の中にいようとします。これは人間心理として当然のこと、居心地のよい空間を求めるのが人間なのです。この空間を「コンフォートゾーン」と言いますが、この状態に居続けては、関係性は固まってしまいます。高学年の子どもたちが、自分のゾーンを守ろうとするあまり、他のグループを攻撃してしまう…なんてことが起こりがちです。グループをどうにか変えるんじゃなくて、**どの子ともある程度の人間関係を築くこと、それこそが大事です。自分のコンフォートゾーンを、いくつも持っている状態**です。安心できる場所がところどころにある状態、それが子ども同士の関係性のビジョンです。

コンフォートゾーンの総数を増やすには、**ある特定の子との「うまくいった体験」**が必要になります。その体験をつくるために、毎日のペアをつくります。よく机の隣の人、前の人、斜めの人といった組み合わせを使うこともあると思いますが、あまりおすすめはできません。もうちょっと教室中に範囲を広げて、どの子とも話せる関係性をつくっていきます。

ある6年生の女の子が話してくれたことがあります。

「前は仲良しで固まってばっかで、他のグループの子たちといるのが不安だった。今は誰とでもある程度話せる。だから、仲良しで固まっていることに不安を感じなくなった」

この状態を生み出すために、ペアを活用します。

関係性を動かすペアのつくり方

ボクは、ペアができるかわいいカード（「どうぶつあわせ」北星社）を使ってペアをつくっていました。公平性があってわかりやすいものならなんでもOKです。朝、宿題を提出する時にペアのカードを引いておいて、組み合わせは朝の会で決まります。何年生でもドキドキしている子どもたちの表情が見えるでしょう。朝にペアトークしてから1日を過ごすわけですが、授業でも、ペアを活用しています。振り返りを話したり、課題に対する考えを話したりなど多岐にわたります。サッと立って、ちょっと話す、それを繰り返していきます。1日の終わりには、「今日1日どうだった?」を話して、終わりにします。1日、6、7回話したり、ちょっとしたゲームをしたり、お互いの考えを聞き合ったり、この積み重ねが関係の質を少しずつ動かしていきます。これがペアの基本の考え方です。

特別でもない何気なくつくったペアですが、様々なドラマが起こっていることが多いんですよ。関係性というのは先生がわかっている中だけではありません。昨日の放課後、喧嘩した友達とペアになっている組だってあるかもしれません。それでも、数回話しているうちに、一緒に笑うタイミングが生まれることがあり、関係性が少し動く…この「動く」のが大事です。**ずっと同じ場所にとどまらない、ちょっとした動きの連続がクラスの雰囲気を緩やかなものにしていきます**。

遠くの誰かと少し関係性が動くこと、専門用語では「リワイヤリング（繋ぎ変え）」と呼びます。日々少しずつ、だけど至るところで起こるリワイヤリング、この繋ぎ変えが、学級経営に効いてくるんです。

04 読み聞かせでゆったりした空気も大切にする

子どもたちに落ち着きがなく、常にガヤガヤしています。何かあると揉め事も多く、授業時間がとられることも…。クラスでゆったり何かに浸る時間が少ないと感じています。どうしたらいいでしょうか？

読み聞かせはどうでしょうか。読み聞かせは「読む」学習以外にも、たくさんの効果があります。毎日読み聞かせをするだけで、クラスが落ち着く…。これって本当です。

読み聞かせを続けた1年間

教室がガヤガヤしている、落ち着きがない子が多い…。若い先生のクラスにはよくある悩みです。ボクが若い頃は、それを力で押さえつけてしまい、随分と失敗もありました。経験を重ねてからは、言葉や力ではなく、他の方法で対応しています。

そのうちの1つが「絵本の読み聞かせ」です。

ある年のクラスは、4月から喧嘩がとっても多かったのです。前の学年からの引き継ぎ事項も多く、どうしたもんかと思っていました。休み時間のたびにいろんな意味で熱くなって帰ってきますし、掃除や給食当番では、何かしら揉めていました。

でも、読み聞かせの時は、みんなとってもいい顔をして聞いているんです。物語の世界に浸っています。『どうぶつサーカス　はじまるよ』（福音館書店）なんて読んだ日には、拍手喝采。みんな笑顔があふれています。

読み聞かせがすごく好きで、読書に浸る時間を大切にできる子が多いクラスだとわかったので、毎日読み聞かせをすることにしました。読書ボランティアの方が読み聞かせしてくれる水曜日を除いて、ほぼほぼ毎日です。一番多かったのは、昼休みの後でしょうか。5時間目が始まってすぐに読み聞かせをしていたので、いつも昼休み明けは、机を下げて待ってくれるようになりました。

読み聞かせの効果を深掘りする

読み聞かせの効果はいくつかあると思っています。

・共通言語ができる
・物語に浸る体験が気分をフラットにする
・学習とつなげて流れるような導入にできる

まずは学級に共通言語ができるということ。『いいからいいから』（絵本館）を読み聞かせてきた子どもたち。クラス内で強く当たってしまう子に対し、「いいから、いいから」の合唱が起こった時がありました。言われた子もつい笑っちゃう、そんないい瞬間でした。

また物語に浸る体験が、落ち着きを取り戻す効果もあるでしょう。低学年であっても習い事などで忙しい毎日を送る子どもたち。ゆっくりじっくり何かに浸る時間の豊かさを体験してもらいたかったのです。どんなに忙しくても、どんなに気分がたかぶっていても、一緒に物語に浸って、「あぁ、今日もいい1日だった」って帰っていく。感情が揺れる出来事があってもフラットに戻れる…。絵本ってそんな効果があるんですよね。

また、読み聞かせと学習とをつなげることを意識していました。**選書で意識したのは今の学習とつながる本を選ぶこと**。授業で生き物のことを扱っている時は生き物の本を。運動会の時には運動会の本を。日常と本の世界がつながることで、子どもたちの浸る感じがそのまま日常に流れ込んでいくのを感じました。

4月には喧嘩が絶えなかったクラス、でも10月を迎える頃には、仲裁する機会がほとんどなくなりました。もちろん読み聞かせの力だけではないはずですが、それでも毎日の読み聞かせの効果は大きかったと思っています。

物語にどっぷり浸る時間を日常の中に少しだけつくる。「毎日そんな時間はない」という先生は、1日5分、10分だけでいいんです、**続けることで確実にクラスは変わっていきます。結果的に、「そんな時間はない」状態を脱することができるんです**。

読み聞かせをシンプルに毎日続けていく。自分も子どもたちも一緒に世界に浸る。小さなことから始めてみましょう。

05 流動的なメンバーで行う清掃指導・給食指導

他のクラスと比べて給食や掃除にかかる時間が長いです。途中で喧嘩が起こるといったトラブルも多く、その他の時間が削られてしまいます。なんとかしたいものの、何から手をつけていいかわかりません。

子どもたちの組み合わせを多様に、わかりやすく、素早くやる意味ある活動にしていきましょう。そのために自分のクラスに何があっているか試行錯誤し続ける姿勢が大事です。

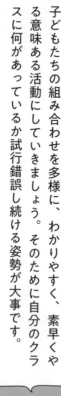

どこのクラスよりも早く終わっていた給食指導

給食指導のビジョン（成し遂げたいこと）はなんでしょうか。

それは、**ゆったり給食を食べる時間が取れること**。好きな子も苦手な子も、食事に向き合う時間がじっくりと取れて、栄養価の高い食事が食べられることだと思っています。食事中の会話も大事ですよね。給食の時間をちゃんと確保するべく、シンプルに次のことを心がけました。

・授業時間は絶対に伸ばさない
・4時間目の後にだらっとしないよう工夫を凝らす
・遅い子を待ちすぎない

給食指導の肝は、**スタートの時間を固定すること**です。そのために授業時間を伸ばさないことを徹底していました。2年生の担任であっても、給食室に取りに行くのは、全校で1番か2番目。お腹をすかしている子どもたち、早く食べさせてあげたいですよね。また4時間目の開放感からかたっぷり動いてから、遅れて当番に加わる子もいるため、準備できていない子を待ちすぎないことも意外と大事です。時間になったら出発する、遅れた子は叱ることなく、次は気づけるようにうながす。それぐらいでいいはずです。

盛りつけなど、必要なスキルはしっかりと教えながら、判断に迷ったり遅くなりすぎたりしないようにサポートします。よくあるのが、盛りすぎちゃって、途中で足りなくなるケース。そんな時は、その子自身が声をあげるのを待ちながら、みんなで手助けして、気持ちよく配膳していました。給食を食べる時間はいつでもたっぷりと。でも早く片づけて遊びに行ける環境を整えていました。

短い時間で綺麗に気持ちよい清掃指導

清掃指導も同様に、短い時間で終わっていました。**「時間で終わるんじゃなくて、綺麗になったら終わり」です**。早く終わって生まれた時間を使って、長くなりがちな係からの報告などもやっていましたね。掃除の後は、たっぷり休む時間も大事。みんなでパッと動いて、たっぷりくつろいでいました。

高学年では、見つけたコツを共有するノートがあったり、低学年ではみんなで曜日ごとに掃除した場所のきれいさをシェアする時間をつくったり、子どもらしい発想を取り入れながら行っていました。

大事なのは人間関係の流動性

ボクが一番気をつけていたのが、**人間関係の流動性**です。掃除の効率を上げようと、出席番号が近い子のグループで長い期間固定している先生がいましたが、ボクは反対していました。固定メンバーの関係性が崩れたらどうするのか、その想像力は必要です。

ボクは給食も掃除もだいたい座席と連動している当番表を使っていました。1ヶ月ごとにメンバーが変わっていくのを子どもたちも理解しています。たとえうまくいかない関係性でも、1ヶ月後にはリセットできます。掃除はたまには好きなところを選んでやることで、席に座っているメンバーとも違う組み合わせで活動することも可能になります。

子どもたちって、いろんな関係性の中で1日が過ぎていくと、自然と満足度が高くなるんですよね。掃除や給食は毎日の活動、ここがうまく回ると、学級経営がグッと楽になりますよ。

06 ゴールを自分で設定して試行錯誤するプロジェクト活動

係活動をやっているんですが、子どもたちの活動が活発なところと停滞しているところに二分されています。チーム編成や流行り廃りに左右されて、いい活動にできていない気がします。高学年の係活動って活発にならないよね、で終わらせていいのでしょうか。

プロジェクト活動にするのはどうでしょうか。一般社会はプロジェクト（仕事単位）でチームを編成して動きます。プロジェクト活動でゴールを自分たちで設定することが大事なポイントです。

係活動をプロジェクト活動にしたら生まれた、たくさんのこと

公立小学校での最後の3年間では、「プロジェクト活動」を実践していました。

プロジェクト活動とは、プロジェクト単位で進める、自分たちの強みを活かした係活動です。大きく分けると、常時プロジェクトとイベントプロジェクトの2種類があります。

そして最大のポイントは、**ゴールを自分たちで決めていいこと**です。

常時プロジェクトは、ハッピーバースデイプロジェクト、学習お助けプロジェクトなど、いつでも活動しているプロジェクト。この常時プロジェクトが得意な子というのも存在して、毎日コツコツいろんなことをやれる子です。ゴールは学期末が多いですね。イベントプロジェクトは、ハロウィンパーティープロジェクトや鉄棒プロジェクトなど。イベントや授業期間に活動して、終わったら解散します。小学校によくあるお笑い係については、ボクはイベントプロジェクトであるべきだと思っています。例外なく、スタートの1、2ケ月が一番盛り上がっていて、後半だいぶ失速するからです。お笑いは好きだけど、やりたい時が熱量のピークで、やり続けるのは難しいんですね。だからイベント的に開催でき

ると、ゴールまでやり遂げることができます。

活発と停滞は必ず起こるものです。**それがない状態が理想ではなく、学期末という同じゴールに設定しているから、それが目立って見えるだけ**。プロジェクト活動は、そのゴールを様々に設定できて、自分たちのゴールに向けて取り組めるのが強みです。

自分たちの「やりたい！」をカタチにする活動

ルールは次のとおりです。

・2～4人でプロジェクト発足
・ゴール（終わり）を決めて活動
・かけもちについては先生と相談

人数は5人以上になると、他の子に任せる傾向が強くなるため、4人までが最適だと思います。かけもちについては、委員会などの役割や、子ども自身の特徴も含めて、相談としていました。

プロジェクト活動を実践してみての成果は、**柔軟な活動で、熱量が保たれるということ**。

高学年になると実行委員や委員会も活発になり忙しくなります。ボクの学級では実行委員もプロジェクトに混ぜていました。卒業文集実行委員は、卒業文集プロジェクトとなり、プロジェクトの時間にクラスの子にインタビューができるなど、うまくいきます。

学習指導要領にも、「学級生活の充実や向上のため、児童が主体的に組織をつくり、役割を自覚しながら仕事を分担して、協力し合い実践すること」とある係活動。児童が主体的に活動するための、プロジェクト活動です。

忘れられないのが漫画プロジェクトを発足した女の子。ただの漫画ではなく、自分たちの実話に基づいたクラスの成長を描いた漫画は、廊下に貼ったら多くの子が立ち止まって見るほど大人気でした。彼女の描く漫画のおかげで、クラスの成長が親にも伝わり、卒業間際にクラスがまとまった出来事でした。６年生だって自分のやりたいことを表現できる場があれば、表現したくなるんだ。ボクにとっても大きな大きな経験でした。

07 問いと継続で深まる子どもたちのリフレクション

振り返り、振り返りっていうけど、子どもたちが書いているのは感想な気がしていて、どうしたら子どもたちの振り返る力を伸ばせるのかがわかりません。教員側もそうなのですが、振り返りに意味があるのでしょうか。

日々の振り返りは子どもにとってすごく大事な学びです。ただその価値はなかなか伝わりづらいです。先生自身も振り返りを行いながら、子どもたちの振り返りを促すポイントを考えましょう。

問いがあることが振り返りを促す

様々な場面で、子どもたちに「振り返りを書きましょう！」という先生も多いはず。ただ多くの場合、振り返りでなく感想になることが多いです。「楽しかった、よくわかった」など一言で答えたいのに…、たくさん書かされる子どもたちの苦しい表情が目に浮かびます。みなさんは子どもたちに振り返りをさせる時にどんなことを意識していますか？

ボクは次の3つのことを意識しています。

①振り返りは常に起こっている
②振り返るには良質な問いが必要である
③継続することで深く広く振り返ることができる

実は振り返りは、その瞬間その瞬間で起こっているんですね。ボクも振り返りジャーナル（前述）について長期間実践していました。この実践自体は多くの学校で広まっていて、「ジャーナル」って聞くと、「子どもが1日の終わりに書くあれだよね？」と答えが返ってきます。

ただ、振り返り自体は、瞬間瞬間で起こっているんです。振り返りは、最後にまとめて書くものではなくて、その気づきを可視化して残しておくためのものなので、1日の終わりに書くのが必須ではないのです。**だから体験した直後が振り返りのベストタイミングです**。授業について振り返りを促す時は、その授業の終わりに、「この時間で一番学びになったことは?」という問いを出していました。ネガティブなことは、感情の整理がつくまで時間を置く必要がありますが、大抵のことは経験直後が一番です。書く手が止まらず、3・4ページ振り返りを書く子どもたちの姿には嬉しくなります。

この例でもわかる通り、**振り返りには良質な問いが必要です**。「振り返りしてください!」では振り返れるようにはなりません。「今日の中で明日も使えそうなことはあった?」「○○さんの意見について、あなたはどう思う?」「1日の中で自分が一番印象に残った場面は?」。そんな問い(テーマ)を、最初のうちはたくさん用意して手渡していくんですね。そのうち、パターンのようなものができてくるので、先生がよく出す問いは「型」として掲示しておくのも1つの手でしょう。するとその型を利用して、子どもたちが自分で問いをつくれるようにもなります。

こうなってくると、学びや振り返りの価値は加速度的に上がっていきます。なんでもないような1日や大失敗にだって、振り返りが役立ちます。「これだけ振り返れてたらどんな失敗も経験に変わるよね」そんな言葉が口にできるようになります。

振り返りを続けると見えてくる変化・成長

何よりも大切なことは、振り返りを続けることです。

問いを用意したら、シンプルに続けるのです。最初のうちは書く量が少ないんですよね。「何行書く」を目標にすると、ちょっとずつ背伸びをするという感覚が生まれるかもしれません。制限と解放が力を生むこと、どんなふうに背伸びをデザインできるか…。先生の仕事の醍醐味はここにあります。

毎日毎日続けていると、まず振り返りの量に目がいくようになります。それだけで成長です。次に質に目がいきます。「あの時書いた自分の出来事」をさらに振り返って、今だから感じることが出てくるかもしれません。毎日書いていたものを横の軸で眺めてみると、成長やさらなる気づきが見えてくるでしょう。振り返りが充実すると自分自身の行動や言動に変化が出てきます。それを感じられるのは、本当に嬉しいことですよね。

第2章では、学級の1日の様子を見てきました。

1日の流れを紹介しているので、当たり前のように思えるかもしれませんが、毎日の継続の中に、光を見出すことを心がけてきました。

若い頃、学級というのは何か大きな出来事を乗り越えて変化していくものだと思っていました。きっとテレビドラマの見過ぎだったんでしょう（笑）。往年の先生ドラマは大きな出来事によって学級が変わっていきますよね。金八先生もごくせんも、多分に漏れずそうでした。見ている方も痛快なので、当時視聴率を誇っていたことにも納得です。

でも現実は違います。

大きな出来事はあくまでイレギュラーなこと。実際には何の変哲もない毎日が200日ほど続くんです。**この200日の中に、少しずつ学級をよくする材料を子どもたちと仕込んでいくこと…**。それこそが学級経営の鍵だと信じています。

1%の改善を日々積み上げていくことを専門用語で**マージナルゲイン**といいます。これは、「小さな改善」の意味を表す言葉です。

『失敗の科学』（マシュー・サイド著、ディスカヴァー・トゥエンティワン）によると、ツール・ド・フランスという世界最高峰のロードレースの大会で、イギリスはある時期から急激に成果を出し始めます。そこには、サイクルロードレースチーム「チーム・スカイ」のブレイルスフォードという素晴らしいコーチの存在がありました。そのコーチが秘訣を聞かれて話したのが、「小さな改善（マージナルゲイン）の積み重ねですよ」「大きなゴールを小さく分解して、一つひとつ改善を積み重ねていけば、大きく前進できるんです」という言葉。**小さな改善なんだけど、振り返ってみると大きな成果につながっていたものと言えば？** 自分の学級にこの問いを投げて、何を思いつきますか。

それを見極める目が先生には求められるのです。この章では、マージナルゲインにつながる小さな改善がどう生まれ、どう日常の中に取り込んだのかを説明しました。

クラスがよくなるのは、打ち上げ花火のように大きな出来事ではなく、線香花火のように人の心に染み入る小さな出来事の積み重ねなんです。

では、マージナルゲインにあたるものはなんなのか、それを見極める目を養うにはどうしたらいいでしょうか。ボクは**感覚よりもデータを集めること**だと思っています。

数値化したデータは色々なことを教えてくれます。パッと思いつくのはテストでしょう。テストは数値化できるデータですし、このデータを処理するのは教員の仕事でもあります。だから95点以上が何人というデータを確かなものだと思ってしまい、先生がやったことの成果に変わってしまうことが多くあります。しかしそれだけで本当にいいのでしょうか。

ボクはもう少し、**子どもたちの感情があらわれる数値に注目しています**。

「今日の席替えの満足度は10点満点中、何点?」

「今のクラスの状態、100点満点で言うと?」

子どもだから、確かなデータをくれないことも往々にしてあります。ただ感情を測れるようになるのはマージナルゲインの一歩目ですし、子ども自身にも自分の今の状態を客観視できて、いい影響があります。

ボクらには小さな改善をビジョンとしてもち、それを日常の中にどう散りばめられるか、そんな視点が必要になるはずです。そこに気づいた時、また先生の仕事に新たな魅力を感じることができました。**今もっている習慣や考え方を変えて、今まで見落としていたものに毎日の心を注ぐこと**。そんなことが求められているのかもしれませんね。

さて、次の章では、1年間の流れの中で行われることを見ていきましょう。1年間の流れも毎年、大きくは変わりませんよね。いわゆる継続というやつです。マージナルゲインに注目して追いかけてみてください。

第3章

学級の1年をデザインする

01 「つくる」・「つながる」で学級開きをデザインする

よく最初の3日間は子どもたちを締めなさいって言われます。どの先生もそれを大切にしている感じがあります。しかし、本当にそれが正しいのでしょうか。厳しくすること以外に大事にすることはないのでしょうか？

何が正しいかは自分で見つけていくことです。厳しく見える先生たちは、実はたくさんの引き出しをもっています。ただし、厳しくする・ルールを敷くよりも大事なことは存在します。

黄金の３日間なんてない？

1年を見通してのデザインを考えた時に、学級開き、いわゆるスタートは大きな意味をもちます。よく教育界では、年度始めの3日間を「黄金の3日間」と呼び、規律やルールを徹底する期間と言われています。確かにこの3日間は大事ですし、ここを大事にする発想を否定しているわけではありません。先生との第一印象はそう簡単には変えられませんし、子どもたちもワクワクしている時期です。

ただ、ここで、考えてほしいことがあります。**黄金の3日間で先生がやろうとしていることは、子どもたちが望んでいることなのでしょうか**。子どもではなく先生が望んでいることだったとしたら、考え直す必要があるかもしれません。

ボクも若い時は、学級が整っていること、子どもがきびきび動くことに憧れていました。現役の先生に話を聞くと、いまだにそういう先生はいるそうです。しかしながら4年目頃から、「本当に締めることが大事なのか？」を、自分の問いとしてもつようになりました。それから試行錯誤を続け、黄金の3日間に先生はどうあるべきかを探っていきました。

つながりをデザインする・自分たちでつくる

最初の1週間で意識したいことは2つです。

1つは、**子どもと先生、子ども同士のつながりをデザインすること**です。具体的には、たくさんのコミュニケーションの機会をつくります。ことあるごとにペアを変えて話し、先生とは毎日2回のコミュニケーションを続け、徹底的に「会話・対話」に力を注ぎます。

もう1つは**子どもたち自身でつくること**です。先生がつくった教室のしくみを徹底するのではなく、子どもたちでつくること。話し合い（クラス会議）のレベルは簡単なものから始め、アイデアを出し合う程度にとどめる中で、大事なことを子どもたちで決めます。大人が決めて、子どもが守るという価値観の中で過ごしてきた子どもたちが、自分たちで決める・つくる立場になると一気に輝き出します。

若い頃は、「先生のクラスになってよかった」が生まれてほしくて、子どもを喜ばすことを考えていました。ただ、経験を積むうちに、3日間を終えた時に「このクラス楽しいかも」となるぐらいがちょうどいい、と思うように変わりました。じんわり期待感が膨らむようなイメージです。そうやってコミュニケーションを増やし、自分たちでつくることの後に、しっかりとリフレクションをすることも必要です。学年に応じてですが、「今日あったこと」と「そこから考えたこと」ぐらいで、事実と感情・考えを分けて振り返ります。書かなくてもいいんです、誰かと話しながら振り返りましょう。

共創・対話・リフレクション

まとめると、ヒミツキチ森学園でも大事にしている「共創（つくる）・対話（コミュニケーション）・リフレクション」この3つを学級開きで意識します。3つの活動は、1年間徹底して続けていくこと、続けていくことでしか力にならないことを伝えます。

自分たちが望むこと・生み出したいことというビジョンに向けて、子どもたちが核になっていく活動の心地よさを味わうこと。それが達成されれば、学級開きは成功なんじゃないでしょうか。

02 ビジョンとビーイングで学級目標をデザインする

学級目標をどうつくればいいのかがわかりません。合言葉を出し合って、決めていくのでしょうか。子どもたちだけでは決められないし、先生が率先して決めるわけにもいかないし。毎年つくってみてはいるものの、手応えがないというのが本音です。

学級目標は子どもたちとつくります。時間がかかっても構わないので、本気で目指したいものをつくりましょう。そして目標は、つくるだけじゃなく使いましょう。

想いが細部まで表現された言葉に

子どもたちと学級目標をつくる際に出す問いは、「**1年後の修了式、クラスがどうなっていたらいいだろう**」です。それについて、子どもたちがアイデアを出します。クラスとしてのよい経験もあれば課題も見えてきた時期、ちょうど5月末ごろでしょうか。時にはイラストのカードを使って言語以外にも支援があると、目標はより多様でアイデアに富んだものになります。

次にやるのが、対話してお互いの声を聞くこと。個人で考えた目標について、対話を重ねながら、大事なキーワードをつくっていきます。**注意したいのが、簡単な言葉にまとめすぎない**こと。「挑戦」「優しい」「絆」など、耳ざわりがいい言葉というのは多数存在します。しかし、子どもたちの想いを込めるためには、定義を明らかにしながら、もう少し文章ベースでつくっていくとよさそうです。短い言葉にまとめられがちだったら、

「みんなが考える絆って何？」

「挑戦して得たいものはなんだろう？」

のように、子どもたちが中身を深く考える問いを出していきましょう。

「困難にぶつかった時も挑戦し続ける」

「互いに優しさをもって相手に接する」

「いざって時には団結力を発揮する」

同じような言葉でも、簡単にしないことに価値があると思っています。子どもたちが感じていることや思っていることはちゃんと深みがあります。その深みが表面に現れてくるように、先生はこだわりまとめていきます。

できた学級目標は教室内に飾り、ここから活用に移ります。

ボトムアップの「ビーイング」を磨いていく

「ビーイング」が何かについてはボクのブログ記事または、『クラスのちからを生かす』(プロジェクトアドベンチャージャパン著、みくに出版)を参考にしてください。

学級目標は1年間固定された目標です。しかし、固定化は時に成長の鈍化を招きます。だから、動きつづける「ビーイング」をつくることが大事になります。安心して目標に向かうために「自分たちが大切にすること」を、ビーイングで共有するようにしました。日常に浸透していくために、行事の力を利用して、ビーイングをより洗練させていきます。

①プログラムデザインと照らし合わせ、学級目標をつくる
②個人が目標に向かう上で大切にしたいビーイングをつくる
③行事やイベントで目標を立ててビーイングを磨き上げる

ビーイングが加わることで、目標への道筋が整うようになりました。

目標には2つの大きな側面が必要です。大きなビジョンからトップダウン式に考えるアプローチと、現在地から考え、地道に積み上げるボトムアップ式のアプローチです。あの場所に行きたいから、今はこれが必要だというトップダウンのアプローチは、学級目標やプログラムデザイン（118頁参照）がその役目を果たします。

これに対して、ボトムアップのアプローチにはビーイングが最適です。子どもたちの今ある姿から、学級に必要なことを視覚化し、クラスをじわじわと変化させていきます。**目標とビーイングのセットが、学級の動きを活性化させ続けます**。クラスが停滞した時には、トップダウンのアプローチが必要なのか、ボトムアップのアプローチが必要なのか、しっかりと見極めて両面から手を打ってみることをおすすめします。

03 授業参観はストーリーでデザインする

授業参観、いつも何を見られているか心配になります。いい授業をしたいと思うのですが、「保護者にとっていい」と、「教師にとっていい」はズレている気がして、手応えがないんです。2回目の授業参観がもうすぐです。どんな準備が必要でしょうか。

まず授業参観のビジョンを描いてみましょう。ボクは我が子が活躍していることと、知的な探究があることだと思っています。そこに向けて授業を組み立ててみましょう。

我が子の活躍と知的な探究を

答えを見出しに使ってしまいましたが、授業参観でのビジョンは２つです。**まずは我が子が活躍していること**です。いい授業をするのはもちろんですが、自分の子がそこに参加できていなくては意味がありません。保護者は我が子の活躍を見にきています。もうちょっと言うと、我が子が授業についていけているか、友達と仲良くやっているかを確認したいんです。我が子が発言する姿、他の友達と一緒に切磋琢磨している姿に安心したいんです。そういう授業を展開する必要があるでしょう。

そしてもう1つ、**知的な探究があること**です。我が子の授業参観があって、ボクも足を運ぶのですが、ここが抜けている場合があります。親も真剣に考えさせられるような、知的な探究が授業の中にあるか。これがあるかないかは大きな大きな違いです。

間違わないでほしいのは、ずっと難しい問いが続く授業は辛いです。基本的に子どもたちがどんどん発言して活躍する授業の中で、手を挙げる子が限られる、友達と協力しないと解けないような問いを混ぜることです。

1つ例を挙げると、ある年の5年生社会科の授業では、自動車工場の見学でわかったことをまとめていました。全員の経験が揃っている（見学に行ってきた）ため、どんどん手が挙がります。子どもたちの言いたい気持ちが前に前に出ていて、微笑ましく参観される保護者の方が多かったです。授業の終盤、1つ問いを出しました。

「どうして自動車は食品のように先につくっておくことをしないんだろう。たくさんつくっておけば、多くの人にすぐ売れるのにね。車に出来立ての方が美味しいとかないのに、それでもわざわざオーダーしてからつくるのはどうしてだろう」

この問いには深く考える子や親が多かったです。

・自動車自体が大きいから、置き場所に困る
・1つひとつの部品の費用が高いから、余って捨てるわけにはいかない
・オーダーできる幅が多様になっていて、つくり置きはそもそも難しい

などなど、子どもの答えに親が唸るシーンがありました。

成長をデザインするための ちょっとした仕掛け

２つのビジョンをもとにシンプルに授業をしていくだけ…、なんですが、ここ数年大事にしているのは、授業の中で子どもたちの成長が伝わること。

コロナ禍の影響で分散された授業参観がベースとなっています。以前は１つの授業に20、30人が集まるのが当たり前でしたが、今はそうではありません。先生側から見たら、１日中順番に参観してもらうことも増えましたね。

・学級通信でこの参観までの様子を伝えておき、当日の授業をしてみる。
・敢えて４月に見せた授業と同じ構成の授業を２月にして、１年間の成長を見せる。

そんな成長が見える仕掛けを混ぜ込むようになりました。

子どもたちの成長を授業の中にデザインしていく…。簡単なことではありませんが、その方法は多数ありそうです。

そういう視点で見てもらえるように、**学級通信で事前に連絡しておいたり、授業参観の前置きで話したりする**ことで、保護者の視点も揃います。各々の視点で切り取ることなく、みんなが他の子どもたちを含めたクラスとして見てくれる…。そんな雰囲気をつくれたら、1年間、親が学級の味方になることは間違いなしです。

04 親も満足する、「語り合える」懇談会をデザインする

懇談会がお通夜みたいな雰囲気です。耐えられません。苦しまぎれに発した「一人一言」から、盛り下がりはピークとなります。またあの時間がやってくるかと思うと、不安です。どうしていくのがいいでしょうか。

学級でもスタートの関係性ができていない時に、いきなり授業をしないですよね。でも懇談会で大人相手になると、それが起きてしまうんです。教室のように丁寧につくりましょう。

お通夜のような懇談会

「懇談会が苦手なんです」

そんな先生を、ボクもたくさん知っています。大丈夫、何も準備せずにそのままやろうとしたら、ボクだって苦手です。

ここで、よくある懇談会の風景を見ていきましょう。

知り合い同士の保護者で固まって座り、コソコソ喋りながらこっちを見ている。先生対保護者という対立構造のように見えます。挨拶を始めるものの、思いのほか盛り上がらない。説明はなんとか聞いてくれているのは伝わってきます。レジュメ通りの説明が続き、話すことがなくなり、ここでお決まりのフレーズ。

「では一人一言ずつ」

同時に「兄弟の方に行きますので」という挨拶とともにいなくなる親もちらほら。

地獄のような雰囲気の一人一言を終え、何とか懇談会の閉会へ。

日本中ではありませんが、このような懇談会、先生だったら思い当たる節がありませんか。そうです、今日もどこかで「日本の怪談」のような展開が繰り広げられています。

懇談会にもちょっとした流れと工夫が不可欠です。大人も子どもと同様に丁寧に場をつくること。懇談会のビジョンは、**お子さんが通う今のクラスにちょっぴり希望をもてること**。そのためには、聞くことがメインになるのではなく、親が自分の考えを話す機会をつくること、たっぷり対話して帰ることが一番です。

さらに1つだけアドバイスすると、**教室で取り組んでいるのと同じことを懇談会でもやってみると、説得力が増します**。

親も満足する懇談会の組み立て方

まず、次のようなことを大切にします。

- 教室と同じようにランダムで座ってもらう
- 教室と同じようにペアやグループをつくってもらう
- 教室と同じように相手に心を寄せる対話をしてもらう

ボクは「シャベリカ」（教育同人社）というトランプを使うことが多いですが、前述のペアづくりのカードを使ったこともあります。たくさんのコミュニケーションが必要になるレクをやったこともあります。関係性をシャッフルして、いろんな人と対話の量を増やしていきましょう。

スタートはおしゃべりから。たっぷりおしゃべりをする時間をとったら「止まってください」と言っても止まらないほど。そうです、保護者も緊張しているだけなんです。お互いの気心を知れるトークができれば、それでもう90点です。

そして、一人一言はやめましょう。これ、教室でやったら悲惨な空気ですよね。大人だって辛いんです。では、代わりに何をやるか、おすすめは**保護者の方の願いを置いていける場所をつくること**です。ボクはよく模造紙を真ん中に置き、今日感じたことや、子どもの成長について親が願っていることを書いてもらっていました。書きながら自然と対話が生まれていました。次の日には書いていってもらった紙を、子どもたちとじっくり見ます。親が願っていることに触れる機会なんてなかなかないですよね。その想いを受け取って、また子どもたちが考え始めます。

子どもの幸せを願って、前を向いて語り合う時間がある。話を聞くんじゃなくて「懇談」という名前の通り、対話する懇談会をデザインしてみましょう。

05 対話が生まれる個人面談をデザインする

個人面談が苦手です。15分～20分という短い時間の中で、こちらから用意する内容も主観的な部分が多くなってしまい、保護者に伝わるか、迷いながら取り組んでいます。また強い要求があると、「検討します」としか答えられなくて…。

よい情報交換が基本です。そして一番大事なのは、保護者が話したいことを話し、聞きたいことを聞ける時間であること。話す内容は、文章での伝え方と同じ流れでまとめます。

個人面談、大切なのはスタート

面談が苦手という先生は意外と多いです。話すことがない子がいる、話しすぎる保護者がいて…、など悩みは千差万別です。ボク自身は面談を苦にしていませんでした。もう理由はわかりますね、デザインです。何度も経験する中で学び得たデザインをご紹介します。

面談のビジョンは**短い時間の中で、保護者が話したいことを話し、聞きたいことを聞ける時間であること**です。「面談で聞けばよかった」を保護者に残すことがないように、配慮します。具体的には「最初にしておきたいお話はありますか？」と聞くといいでしょう。話を用意してきている保護者はここで話題を挙げやすくなります。

また、こちらから話すことは具体的に用意しておきます。ここで使うのが「文章を書く時の伝え方」です。ブロガーならではの視点でお話しさせていただくと、**①結論　②その理由　③詳細なエピソード　④再結論**　という流れがわかりやすいです。

例を挙げてみます。

①○○さんは友達思いなんですよね。

②友達のよいところを探すのがとってもうまくて…。
③帰りの会のペアでのトークでは、いつも相手のよさを話しています。友達も「○○さんにこう言ってもらって嬉しかった！」って報告に来る子が多いんですよ。
④いろんな子をフラットに見てよさを伝えていて素敵です。フラットに見ることの大切さ、じわじわとクラスに広がっているんです。

いかがしょうか。具体的なエピソードがある話をいくつか用意しておくといいでしょう。

話す・聞くだけじゃなく一緒に考える

話を用意しておきますが、全部を話すとは限りません。それだと伝達で終わってしまうからです。相手の話の流れを切ってまで、こちらの用意した話をするわけではありません。出てくる話に合わせてこちらの内容も選びます。そして一緒に考える面談にしていくためには、**話すこと以上に問いを用意しておきましょう**。

「お子さんのことで、前の学年と比べて成長したなぁと感じることはありますか？」
「伸びてほしい長所ってありますか？」

このような問いがあると、保護者の方もどんどん話し始めます。本当に止まらないほど。**ボクらが用意しておくのは、「話すこと」だけではなく、一緒に考えるための「問い」**なのではないでしょうか。

面談については次の問いも参考にしてもらえれば嬉しいです。

・お子さんの長所と短所を教えてください。
・我々に特に見ていてほしいところってありますか？
・お子さんの幼稚園・保育園時代で、覚えているエピソードってありますか？
・学校の様子について、お子さんはどんなことを話しますか？
・この学年になって、変わったこと、成長したことってありますか？

最後になりますが、最初の面談で必ず聞いていた話題があります。それが「**お子さんの名前の由来**」です。大好きな東野圭吾さんの小説からヒントをもらったのですが、最初の面談が終わりに差し掛かるタイミングで「名前の由来」を聞きます。すると、そこまでにどんな流れになっていても保護者はいい顔で話してくれるんですよね。

面談をよい形で終えられる…、そんなとっておきのポイントです。ぜひぜひ試してみてください。

06 日常との架け橋を意識して学校行事をデザインする

授業準備がままならない中、学校行事に意義を感じません。学校行事に時間が取られて、目標に向かって頑張る子どもたちの姿は嬉しい反面、それが終わると反動がすごいんです。行事のまとめ役ともなると、私自身もいっぱいいっぱいになってしまって…。

学校行事と日常の学級経営、授業を切り離して考えるとうまくいかなそうですね。行事も含めたデザインやつながりをどうつくるかというところに、丁寧に時間を割いてみましょう。

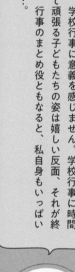

学校行事と日常をつなぐ橋をかける

行事に取り組む上で大事なポイントになるのが、**日常と行事をつなぐ橋をいくつもっているか**です。それによって、行事への取り組み方が変わってくると思うのです。

ボクの場合、前述させてもらった「ビーイング（78頁参照）」があります。ビーイングは目標に向かっていくために個人が大切にするもの。このビーイングを研いでいく機会が、学校行事だと思っています。今回の行事では、ビーイングの何を大事にしようか…。**学級目標と学校行事への目標とが交わることで、学級目標への取り組み方も深まります**。

また、子どもたち同士がお互いに認め合う活動を大事にしている場合は、学校行事の機会を活用できるでしょう。修学旅行についての調べ学習のチームがあったとしたら、チームの中でよくできたところを付箋で送り合います。振り返りを毎日書いているとしたら、行事に向けてのリハーサル時の振り返り量が増えるのに驚くでしょう。日常にやっていることを、どうやって行事を使ってパワーアップさせていくか、その橋かけをどうするかを丁寧にデザインしてみましょう。そこで大事にしたいのが、行事のビジョンの創造です。

学校行事のビジョンを共有し、振り返る

行事のビジョン、つまり「この行事が終わった時にどんな姿になっていたいか」を、子どもたちと共有します。

例を挙げると、ある年の2年生の長縄大会では、「みんなで考える・やさしく教える・よろこぶ」というビジョンを立てました。喜ぶなんてビジョンになるのかと考えるかもしれませんが、喜び方・祝い方も、こういうもんなんだと伝えないと知らない子が増えているのが事実です。

ビジョンをどう立てるの？という方のためにヒントを残しておきます。イチから全員で決めるには時間がかかりすぎます。ボクは、①ブレインストーミング　②実行委員が考える　③みんなに了承を得る、という手順を踏むことが多かったです。アイデア出しはみんなでやって、ブラッシュアップは少数精鋭でやる、再度みんなに還して同意を得るという流れです。こうすることによって、みんなも満足して次に進んでいくことができます。この辺りの流れを端折ってしまうと、「ボクたち考えてないけど…」という負の感情が残っ

てしまうため、丁寧につくっていきます。

ビジョンが共有されると、後は行事に向かいながら使っていきます。何か問題が起こったら、優しく教えたり、みんなで考えたりを丁寧にしてみる。うまくいったら喜ぶことは、実行委員さんがポーズや合言葉にして祝う…。そうやって**行事に向かって、全員で対話しながら前に進んでいくのです**。この時は、当日に最高記録を達成、2年生ながら全校4位という結果もちゃんとついてきました。

行事が終わってからは1時間かけて振り返りをします。個人で振り返りをじっくりと書いた後、お互いの声を聞き合います（35人学級だと内容によっては半分に分けた方がよさそうです）。そうやって生まれた振り返りは、見えるように掲示したり、学級目標の掲示物に付け加えたりしながら、ちゃんと足跡を残していきます。成果だけではなくプロセスを丸ごと残すために、振り返りの言葉を大事にしたいところです。

こうやって行事と日常生活との橋かけを丁寧にすることで、行事が意味あるものになり、行事が終わってもエネルギーダウンしないクラスになります。むしろ終わってから日常にどう生かそうかと、エネルギーが溢れていくのを感じます。このエネルギーに次の道筋をつけることで、学級の一体感も高まっていくのです。

07 校外学習・体験学習を子どもたちとデザインする

校外学習や体験学習が若手に任せられることも多くなってきました。はじめての経験で、昨年度をなぞっての実施が多くなってしまいます。ポイントがわからず、仕事の進め方に不安があり、先輩に質問する日々です。どうしたらいいでしょうか？

自分たちでつくることを大事にしてください。先生も自分の足で歩き、よりよいものがないか探す視点が大事です。子どもたちが自分たちでつくることをデザインしましょう。

先生が自分自身の手で、足で、つくることの価値

校外学習や体験学習など、子どもたちが楽しみにしている行事を任されるケースも2・3年目からはあるでしょう。先生として、どんなことを大事にしながら行事をデザインしていくのがいいでしょうか。

まずは**先生が自分自身でつくること**です。

昨年までと同じ流れになってしまうことは気にしなくていいと思います。その年の子たちにとってははじめての体験であって、複数味わっているのは先生側の視点です。ただ、目の前の子どもたちにとっては、たった1回の体験なんだという気持ちは、いつになっても大事にしたいものですね。

だからこそ、自分の足で歩き、やれることはやろうというのが正直な想いです。昨年までの流れをなぞってみるのですが、下見の際に事前に調べて、もっといいルートはないか、よりよい学習材はないか、ちゃんと自分の手と足で考えるのです。実際にルートを歩いてみたり、人から情報を集めたりしていると、よりよいものが見つかるケースがあるからで

す。

低学年が遠くの公園へ遠足をする際や、6年生が体育大会に行くルートについても、歩いてみるとわかることがたくさんあります。

「あ、ここは自動車の交通量が少ないんだ」

「ここの道をまっすぐ歩いてきた方が近そうだ」

そういう小さな改善を重ねていけると、行事当日に向かうにつれて、少しずつ楽しくなってくるんです。ここに子どもを巻き込めたら本当に最高ですね。

「○○に行きたいんだけど、誰か安全にいけそうな道知ってる?」

こんなふうな作戦会議を、子どもたちともよくしていました。**自分の足で歩き、その感覚を大事にして、よりよくしていくプロセス**をまずは先生がつくっていきましょう。

子どもたちとつくる体験学習

ヒミツキチ森学園は、今年度はじめての修学旅行を実施しました。行く場所も、何をするかも、予算組みも、すべて子どもたちが企画した修学旅行です。正解のない問いがたくさん生まれるのですが、そのたびに対話をして粘り強く企画していました。

そうすると修学旅行に向かっていくプロセスの中で、子ども自身がどんどん楽しみになってくるんですね。一つひとつ納得して自分たちでつくっていったからこそ、「この食事場所見つけてくれてありがとう」というように、当日も終わるたびに互いの選択を喜び合う姿がありました。現在の学校現場でどこまでやれるかは難しいところではありますが、**子どもたちがつくれる場所（余白）をちゃんと残しておくこと**は、できるはずです。

ボクが5年生を担任した時は、キャンプファイヤーをやるかどうか、雨の日はどんな体験をしたいのか、この辺りのことは実行委員と相談していました。決まっていて動かせないものと、動かせるものを区別して、できることは子どもたちとつくっていました。

たったそれだけのことですが、子どもたちが校外学習や体験学習を楽しみにする度合いが変わってくるのです。ぜひ学校の文化として、低学年のうちからつくることを一緒に楽しみたいですね。子どもたちのもつ裁量権が、上の学年になるたびに広がっていくように、特別活動部と相談して進めていくというのはどうでしょうか。

先生がつくること、子どもがつくること、この部分をどうデザインしていくかが、体験学習・校外学習の鍵になりそうです。

08 評価を日常に織り込み、成績作成をデザインする

通知表・所見など学期末になって忙しくなります。そういう時期に限ってトラブルが起こる…。ただ、成績の時期だから、解決への時間の確保も難しくて…。成績時期が少し憂鬱です。どうしたらいいでしょうか。

最後にまとめて仕上げるというよりは、日常の中に入れ込んでいくのがよさそうです。評価は子どもがよくなるもの、そのビジョンをもって工夫してみましょう！

評価は子どもがよくなるもの

学期末の通知表・所見、頭を悩ませている人も多いのではないでしょうか。通知表・所見、ともに評価になるわけですが、評価のビジョンって一体なんでしょう。ボクが若い頃から口酸っぱく言われてきたのが、**評価は子どもがよくなるためのものだ**ということ。子どもがよくなるためのもの…。みなさんはこの言葉を聞いてどう思いますか。

ボクは長いこと、この意味がわかりませんでした。通知表を渡した結果よくなる方向に変化するのだろうか、数字で評価することは意味があるのだろうか、そんな疑問もありました。でもなんとなく今は、答えが出せています。**評価のプロセスの中にこそ、子どもがよくなる可能性が眠っている**のです。ボクらは結果として評価するのではなく、１年間ずっと評価の種を撒いているのです。

子ども同士で自分たちの発表のよいところを探すのも評価だし、先生が図工の作品のよい点についてフィードバックするのも、子どもが自分の作品のよいところを探すのも評価です。評価というのは学習活動の至るところに折り込むことができ、日常の評価の集合体が学期末に完成するようなイメージをもっとわかりやすいでしょう。ニュージーランドの幼児教育のカリキュラムに、「テ・ファリキ（織物）」というものがあります。ボクの評価に対するイメージも織物のようなイメージです。

では、評価をどのように日常に織り込んでいくといいのでしょうか。

評価は一人で織り込まないことが鍵

数値による評価の是非についてはいろんな意見があると思いますので、今回は所見の部分に絞って話をしようと思います。

日頃の評価のプロセスにおいて、子どもたちをより伸ばしていくにはどうしたらいいでしょうか。そのヒントとなるのが、**一人で織り込まない**という発想です。その間に多くの人の協力を得られるようにデザインするのです。

ボクは子どもたち一人ひとりのよいところを評価してファンレターとして送っていました（138頁参照）。これはお家での話題にあげてもらうため、そして子どもに言い訳をつくるためです。高学年だと「ここがとってもいい！」の評価を、素直に受け取れない子も増えてきます。そんな時にファンレターを渡すのは、「お家の人に届けるためだよ」っていう言い訳の余地を残せるからです。「お家の人に届けるなら…」と無表情で受け取った子が、連絡帳袋にしまう前に、何度も読んで、嬉しそうな顔をしている…。そんな姿をたくさん見てきました。お家で話し、そこでまた家族からも嬉しい言葉をかけてもらえる機会が増えるなら、こんなに嬉しいことはありません。

大事なのはその活動を１つで終わらせないことです。ボクはファンレターを渡す前に写真に撮っておいて、それを通知表所見の材料に活用していました。子どもたちに伝えてきたことを、通知表の中に織り込んでいきます。子ども同士で図工の作品の鑑賞をしたら、お互いにレターを書いてよいところを見つけます。もらったレターは自分のポートフォリオ（宝物にするファイル）に挟むんですが、挟む前に評価のコメントと一緒に写真に残すこともします。友達の手をくぐった評価のプロセスを丸ごと保存していくのです。

いいなぁと思う活動が通知表の材料になるように、アウトプットまでを含めてデザインしていきます。デザインしておけば、学期末には豊富な材料が揃っています。一度伝えたことでも、気にしません。何度も伝えることで、子どもたちの自信につながる、大きな価値があるのです。

09 学年末・卒業をデザインする

学級に手応えがないまま、また1年が過ぎていきます。いい1年だったなぁと思ってもらうためにも全力を尽くしているんですが、今年もその手応えは得られません。どういう形で学級を終えることがいいのでしょうか。これから先、やっていく自信がありません。

自分の色を残さないことが大事と言われたり、涙ながらの別れだったり、学級を閉じる時のイメージって話題にしないことも多いですよね。ズバリ、「視覚化」が鍵となります。

クロージングをデザインする

ボクもクラスの最終日には、いろんな想いを抱えて教壇に立っていました。

「あぁいい1年だったな」

「できることはやりきった、子どもたちも素晴らしかった」

「もっとボクにできることがあったんじゃないだろうか」

ただ1つ確かに言えることは、ここに至るまでの1年の結果が、最後の日に表れているということ。この日だけを特別にしても何も意味がないんですよね。いつも中心に置いていたのは、**子どもたちの満足がそこにあったかどうか**です。だから、最後の日はサークルになって、一人ひとり話してもらうことが多かったです。その言葉にそっと耳を傾けて、お互いの言葉と、その子の成長に想いを馳せていました。お楽しみ会のようなものは前日までに終えておいて、最後の日は子どもの言葉で1年を表現してもらっていました。

ただし、その前に、**今までの積み重ねを視覚化しておくこと**は、事前の準備としてできることかもしれません。

1年の積み重ねを視覚化する

1年の積み重ねを視覚化することで、子どもたちに伝わったと感じた取り組みがいくつかありました。

若い頃は動画編集もやりました。子どもたちやボクが好きだった音楽（1年間のどこかで使った音楽だと心に響きます）を使った動画をつくっていました。経験を積んでいるうちに、iPadなどの機器も出てきて、子どもたちが編集もできるようになりました。4月と3月の違いが画像や動画で見えることで「あぁ、自分たちも成長したなぁ」と、自信がじんわり広がっていく瞬間が好きでした。

ある年の卒業式では、黒板の前に桜の木をつくりました。この桜の木、実は学級通信でして、1週間に1枚書いてきた学級通信を茶色やピンクの紙で印刷して桜を表現しました。各机には最後の学級通信を、一人ひとりに向けたメッセージを添えて配付しました。これも積み重ねてきたことの視覚化の1つですよね。

内容はなんでもいいと思います。学級目標に絡めたものでもいいですし、日々取り組んできた自分の得意なことを披露するでもいいのです。1年の積み重ね、成長のプロセスをみんなで無理なく可視化すること、そうやってクロージングをしていたなぁと思い出します。

その年の子どもたちと積み重ねてきたものはなんでしょうか。読み聞かせを積み重ねたら、本の表紙のコピーを貼ってみるのもいいかもしれません。みんなでできるようになったことを大事にしているクラスであれば、できるようになったことが増えていくのを実感できるでしょう。そこに学級目標を上手に絡めると、子どもたちにとってもいい終わり方ができそうです。

クロージングは次の年への期待感にもつながります。丁寧に丁寧に、先生自身も、「いい1年だった」を積み重ねていけるといいですね。ボクはお別れをカウントダウンしていくことはあまり好きではありません。最後の日まで丁寧に日々を味わうことを心がけてみてください。

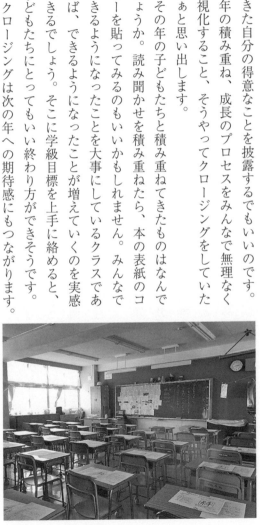

これからの時代の先生の役割って

この章では1年間の流れの中で、デザインしたものを書いてきました。どの項目も実践を繰り返してきたので、それなりに使えるものになっているのではないでしょうか。

最近考えていることがあります。それは、**先生の役割ってなんだろうということ**。

公立小学校の教員時代、授業をしっかりと成り立たせて、遅れる子が出ないように学力の保障ができる先生を目指していました。若い頃から、チョーク&トークの技術を磨き、ある程度の授業力を身に付けました。ただ遅れてしまう子やはみ出してしまう子のことを、どうも生かせていない。周りのみんなと同じように、個性はあまり発揮されないように、が前提となってしまっていたのです。これは公立の先生がこうってわけではなくて、ボクという一人の人間の限界だったのでしょう。

今のヒミツキチ森学園に来て変わったのは、この部分です。**子どもたちの個性が先にある。授業の内容すら、子どもたちが中心で決めているのが違いです**。それによって、先生の役割も大きく変化しました。チョーク&トーク、授業中に黒板の前に立ち、授業を展開するスキルの割合はグッと低くなり、どちらかというとファシリテーターであったり、子どもたちのモチベーションを高めるコーチのスキルであったりを、たくさん使うようになりました。だから今、チャイルドコーチングの勉強をしています。探究していく場においては、ジェネレーターとしての役割も担う時があるでしょう。

教員の時に培ってきたスキルも、もちろん役に立っているんですが、それ以上に別のスキルが今後必要になっていくことも感じています。少なくともボクが子どもの頃に必要だった先生の役割とは、まったく違う世界が日常の中にあります。

そこには、こうやって切り替えてやろうとか、子どもたちのいいところを見つけようみたいな、ガチガチなモードではなくて、**ただぼーっと子どもたちを見ること**も重要になってきます。見つけようとせずに、ただウロウロする。そこで起こっていることを面白がる、そんな人でもありたいなぁって思うんです。ファシリテーターモード全開とかだと、そこに変なバイアスがかかってしまう。ただなんとなくそこにいる人であって、**一人の仲間としていたいなぁ**と思っているんです。

仲間ってなんだかしっくりきますね。上からではなく同じ目線に立ち、一緒に課題に取り組む、子どもたちと同じ方向を向いている人、そんなモードが自然なんじゃないかと。

「あぁ、今日いい日だったな」って時が、この「ただ子どもたちを見ている」ができている時だったりするんですよね。**自分が描いてきたことを捨てて、子どもたちの意見から新しい活路を見出した時、子どものアイデアに感化されて新しい考えを得た時、ボクらは**

そこにいる価値を感じます。

こうあらねばならないを捨てて、一人の人間としてそこに立つ。先生にベクトルを向けるのではなく、子どもたちにベクトルを向けて、そこから始める。

公立の学校にも、ヒミツキチ森学園にも、嬉しいことに教え子が遊びに来てくれたことがあります。「学校の先生になりたい」と願うかつての教え子は、本当にたくましく、立派に成長していました。先生ってその子が卒業した後のことは、ほとんどわかりません。あの時自分がやったことは、何かにつながっているのか、成果がわかりにくい職業だと思っています。ただ、こうやって再会した時の教え子の目が輝いていたことはちょっとだけ自信になりました。そして、当時の精一杯を教室の中で表現し、子どもたちと走っていたことだけは自信があります。だからこそ胸を張って再会できるのだと。

先生の役割とは、状況に応じて役割としてのスキルを発動しながら、子どもと同じ方向を見て面白がる…。その先に子どもたちの未来を見て、一緒に今をつくること。今ならそんなふうに言語化できます。どこの場所にいてもこれは変わりません。

新たな役割をつくっていくのは自分自身です。あなたが考える先生の役割はどんなものでしょうか。よかったら教えてくださいね。

第4章

実際に「仕事」をデザインしてみよう

01 学級経営における「ハレ」と「ケ」を考える

学級経営には2つの側面があると考えています。それを、古来より伝わる「ハレ」と「ケ」で表現していきたいと思いますが、みなさんはこの2つの言葉をご存知でしょうか。

「ハレ」と「ケ」とは？

ハレとケは、日本を代表する民俗学者の柳田國男さんが、日本人の伝統的な世界観を表現するために定義した言葉です。**「ハレ」は、お祭りや年中行事などを行う特別な日、非日常**という意味があります。**「ケ」は普段の生活、日常**という意味があります。ハレの日があるから、ケという日常を頑張れる、昔の人たちはそんな想いで祭りや催事を待ち望んでいたようです。

学級経営にもこの2つの側面があると思っています。

「ハレ」は行事です。運動会や卒業式などがこれにあたるでしょう。非日常であり、一大イベントと言われる行事があるからこそ、日常を頑張れるのではないでしょうか。

よく「行事早く終わってほしい」と話す先生がいましたが、ボクは行事に向かう日々の、子どもたちのワクワクする姿が好きでした。行事を越えて大きく成長する姿も見てきました。「ハレ」は第3章でかなり書いてきたので、イメージがつきますよね。「ケ」は日常です。何気ない日常の活動にこそ、子どもたちをつなぐ日々があります。第2章を読んでいただければわかりますが、ケがもつ価値も大きいです。日々継続していくことを力にできるからです。

ただ、ずっとケが続いていくと、子どもたちは飽きてきます。時にはハレというイベントが必要です。**この2つは両輪であり、ハレとケをつなぐ発想ができるのは、先生だけです**。78頁に書いたビーイングのように、うまく接続させることができる方法を知っていれば、行事の非日常は活力に変わります。そして日常にもつながってくるのです。

「ハレ」「ケ」の両面を大切に

この章では、まずは、ハレのデザインのつくり方を例にとって、デザインする時のコツを書いていきたいと思います。

例として、卒業を祝う会（6年生が卒業間際に在校生や保護者に成長を見せる会）についてデザインしてみましょう。ハレを描く中で、ケの重要性にも気づくこともありますし、ケのデザインの実際も、第4章の最後に入れてみました。

もう一度言いますが、ハレとケ、両方大事です。ただ、必要に駆られるという点から言うと、若手の先生も「ハレ」の方がイメージしやすいので、第4章では長く取り上げています。「ハレ」を描く時のコツを話していくので、ぜひご自身でも次のシートに当てはめて、デザインをしてみてください。来月行う「ハレ」の行事はありませんか？　そうやって実践する、練習することが上達の鍵です。まずは書いてみること、あなたが書きやすくなるいくつかのコツをご紹介します。

POINT

- ハレ（非日常）とケ（日常）が学級経営にはある。
- どちらか一方ではなく、両方を生かして学級経営を進めていこう。

学級経営デザインシート

①ビジョンを明らかにする

あなたが成し遂げたいものはなんですか？
学級に生み出したいものは何ですか？

②ビジョンへのたくさんの道筋を描く

子どもたちにとって大きな効果をあげるには？
より多くの人を巻き込む方法はあるか？
学校の文化になる活動にするには？
【ハレ】もしあなたが校長だったら？保護者だったら？
【ケ】　毎日繰り返せる活動はあるか？数値ができる方法があるか？

③継続できる形に落とし込み実行する

数値化したフィードバックを継続的に得られるか？
多くの人の手にわたる活動になっているか？
成果が目に見える形で文化として残るか？

個の成長　▶

クラスの成長　▶

先生の成長　▶

02 ビジョンと、そこから逆算するプログラムデザイン

①ビジョンを明確にして、②たくさんの道筋を描き、③継続的に実行する、がデザインの基本的な流れでした。１つ目のビジョンをつくる作業は大事ですが、毎回単体で考えているわけではありません。年間の方向性と照らし合わせながら創るのが望ましいです。**ゴールから逆算するプログラムデザインという発想**をまず紹介しましょう。

学級・学年のゴールを描くプログラムデザインとは

プログラムデザインとは、クラスのゴール（ビジョン）イメージと、ゴールへの道筋をデザインすることです。

みなさんは、学級（もしくは学年）が3月にどんな姿になっていてほしいというゴール（ビジョン）イメージを明確にもっていますか？

次の画像は、ある年の2年生担任の際に立てたプログラムデザインです。

この年のゴールは「レベルアップを目指すこと」。そのために3つの具体的な姿として、「自信をもつ」「好奇心」「自分でやる」を設定しました。学年の先生たちと一緒に立てたこのゴール（ビジョン）をことあるごとに確かめながら、充実した1年を過ごすことができました。

プログラムデザインは、**子どもたちの姿を多面的に見ながらつくることが必要です**。可能なら一人ではなく学年の先生とつくることで、より多くの視点で価値あるものがつくれるでしょう。詳しいつくり方は、ブログに書いていますので、ここではその価値について深掘っていきます。

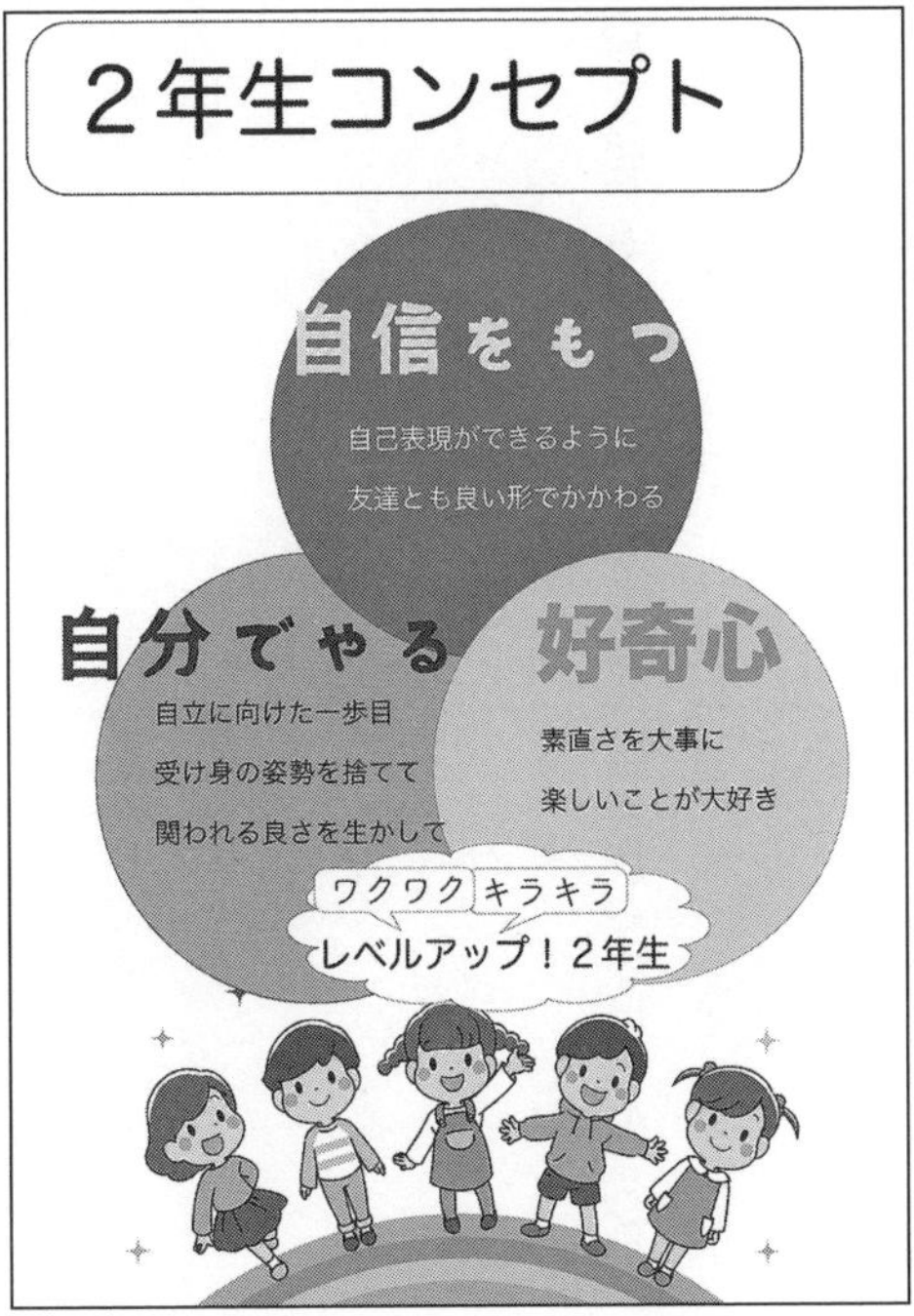

ゴールへの大筋があることで生きる個々のビジョン

プログラムデザインができたら、「今回の行事でどの力を伸ばそうか」と考えます。伸ばしたい力を毎回イチから考えていたら、どうなるでしょうか。その都度違う方向に伸びていこうとする集団では、トータルで見た時に、成長の幅は少ないのではないでしょうか。**個性を尊重しながらもある程度の方向性は必要**です。プログラムデザインを使うことで、成長にも一定の方向性をもたせることができます。

さて、卒業を祝う会は、6年生の中でも大きな行事で、卒業式の直前に、親と成長を分かち合うイベントです。だから、子どもたちと教員が、心から成し遂げたいと思うビジョンをつくることが必要です。作成のプロセスの中にはぜひ、子どもたちからの意見を求める機会も入れてください。**子ども側の意見も取り入れながら、先生が決めていくのがビジョン**で、子どもたちの意見だけで決めるのはスローガンです。行事へのデザインはこちら側の打ち手なので、2つを混同しないように気をつけましょう。

ボクがこの年の6年生に感じていたのは、自分を表現することが苦手だということ。最後の最後でその課題に挑戦できたらいいなと思いました。ビジョンは、先生たちで話し合って、「自分らしく堂々と大勢の人の前で表現すること」としました。

ビジョンは年間のプログラムデザインと整合性を保ちつつ作成します。プログラムデザインの作成に戸惑う方は、学年目標や、学級目標との整合性でも構いません。**大きな流れがあって一つひとつのことがデザインされるつながりを大事にしましょう**。

すべてはビジョンから始まります。行事ありきになりがちなのですが、子どもたち・先生たちが成し遂げたいことがはっきりしてからこそ、取り組むべきものが定まってきます。

「自分たちが本当に成し遂げたいものは何か」

この問いをいつも忘れずにもっていてください。

POINT

- クラスや学年の大きなゴールをプログラムデザインでつくってみよう。
- 1年間のデザインに添いながら、個別のデザインをしてみよう。
- この2つの方向性があっていると、子どもたちの成長が大きくなる。

03 ビジョンから力をもらう

さて卒業を祝う会のビジョンは「自分らしく堂々と大勢の人の前で表現すること」となりました。このビジョンから力をもらうための1つの方法に、**ビジョンを視覚化して目に見えるところに掲示すること**があります。子どもたちがつくるスローガンと一緒に2つを並べておく…。先生にとっても子どもにとっても視覚化は大事なことです。

視覚化して口に出す

立てたビジョンを意識するのは、行事に向けての日々の活動を考える時です。ここで注目したいのが、ボクら人間は、ついつい目的と手段が入れ替わりやすい性質だということ。「あれ、そもそも何で、これをしたいんだっけ」となりがちなんですね。

「自分らしく堂々と」だったはずが、劇の成功がゴールになってしまっていたり、表現させられる状態になっていたり、ということが本当によく起こります。行事に向けた毎日の授業の内容を決める際に、目につくところにビジョンを置いておきましょう。

付箋に貼っておくのも効果的ですし、デジタルツールで授業の計画をつくっている人は、毎回ポップアップするように設定してもいいでしょう。さらに口に出すと変化が生まれます。ボクは毎日ビジョンを口に出すことで、忘れないように刷り込ませていました。目からも耳からも意識させることで、ようやく1つの行動を取ろうとした時に「ボクらが成し遂げたいことってなんだろう」と考え始めます。その癖が生まれるのです。

子どもたちも同じように、**自分たちが成し遂げたいことは口にしないと忘れてしまう**んですよね。ヒミツキチ森学園では、リーダーシップの目標を毎月つくっています。自分が人と接する際に、大事にしたいことを言葉と5つの色で視覚化しているのです。その目標も書いて毎日実践していたらできるようになると思っていましたが、そんなに甘くはありません。そもそも、子どもたちは自分が立てたビジョンを忘れてしまいます。毎週決まった曜日の朝に口に出してみることで、ようやく2・3週目で浸透していくのです。

卒業を祝う会の例に戻りましょう。子どもたちの得意分野で発表を行いました。ボクは運動グループの先生として、マットや跳び箱や鉄棒を使った演技と、自分の得意なスポーツを混ぜ合わせた発表を担当しました。子どもたちが、

「先生、けん玉をやりたいんですけど」

と提案してきた時に、「けん玉はスポーツなのか」と一瞬躊躇しました。ただ**ビジョンの「自分らしく堂々と」が頭にあった**ので、「自分らしさがあるならけん玉もスポーツだ。どんどんやってみよう！」と子どものアイデアを尊重することができました。ビジョンが自分の頭にも染み込んでいれば、決断に意味をもたせることができます。ビジョンの刷り込みによって、様々な場面で判断に迷わなくなるのです。

現在地を把握し、創造的緊張を使う

もう1つビジョンから力を受け取るために大事なことは、**現在地を把握すること**です。ボクはチャイルドコーチングの資格をもっているのですが、コーチングの世界でもよく言われるのが、目標と現状の両方をもつこと。現状、つまり**現在地である「今」どのような状態かを知ること**が大事になります。この現在地を把握することで、ビジョンとの間にギャップが生まれます。ピーター・センゲはその前向きなギャップのことを「創造的緊張」と呼びました。2つの場所にギャップが生まれるから、解決しようとする力が生まれます。

６年生の事例に戻ると、卒業を祝う会に向かっていく中で、現状を確認しました。今の子どもたちはどうだろうと。

すると、「恥ずかしそうに表現する」という現状が浮かび上がってきました。

ここで、子どもたちにも現状を聞くことにしました。子どもたちの意見は「自分を表現する自信がない」「誰かと一緒なら頑張れる」「表現したいとは思っている」ということでした。本音を話してくれたおかげで、「恥ずかしい」の解像度が上がりました。

「でも、そんな一緒にやってくれる仲間とも中学校では離れることになるよね」と話をすると、子どもたちの表情にも変化が。そうだ、仲間と一緒にいられる時間は限られているんだからと、どうしたらできるかという思考に変わっていったのです。**現在地の把握は、子どもたちと一緒にすると効果的**です。ギャップからボクらはビジョンに向かっていく力をもらえるのです。

POINT

- ビジョンを描いたら視覚化して口に出そう。
- 現在地を把握して、ビジョンとのギャップを生み出そう。

04 道筋を描くための問いを活用する

引き続き、卒業を祝う会を例にとりながら話を進めます。

ビジョンは、「自分らしく堂々と大勢の人の前で表現すること」としました。では、ビジョン達成のためのいくつかの道筋を描いてみましょう。

道筋を描くことには経験が必要です。もしあなたが初任者だったら、他の先生にアドバイスを求めることもできるはずです。高学年の担任をしていたら、子どもたちから意見を集めることもできるでしょう。数年経験していたら、いくつかの道筋が見えるようになります。たった1つを描き、それに飛びつくのではなく、**多数の道筋を描いた上で、絞って実行すること**です。

そこで、道筋を描く際には、いくつかの問いを用意して使うようにします。

多くの道筋を描くための問い

ボクは5つの問いを用意して道筋を描いていました。

【基本の３つ】
①１年間を振り返ってみた時に、大きな効果を上げるには？
②より多くの人を巻き込む方法はあるか？
③学校の文化になる活動を思いつくか？
【イベントをデザインする場合】
④もしあなたが校長先生だったら？
⑤もしあなたが保護者だったら？
【日常をデザインする場合】
④数値化ができる方法はあるか？
⑤毎日繰り返す方法はあるか？

この5つの問いをもって臨んでいました。今、自分が考えてみて、卒業を祝う会への打ち手として思いついたものは次の通りです。

・子どもと親で1つの歌を歌い上げる
・それぞれの先生が担当するテーマをつなげて1つのものができる。そういう各チームの成長がわかる本気の出し物をする
・「育ててくれてありがとう」を、手紙で、歌で、朗読で表現する
・1年生の頃の写真を多く使い、子どもの成長をムービーで視覚化する。それを舞台切り替え時に挟む
・今までの担任の先生が、サプライズスピーチをする、それを動画編集の中に挟む
・5年生に、卒業式では届けられない思いを届けようと手渡すものを決める

問いがあることによって、このように、よりたくさんのアイデアを思いつくのがわかるかと思います。

問いの力が発想を柔軟にする

問いの力は偉大です。ボクは子どもたちに何か考えてもらう時にも、問いを出すことを大事にします。

「コロナウイルスの影響は何か？」と、「コロナウイルスが変えてしまったことを1つ挙げなさい」では、出てくる内容の深さが違うはずです。問いは教室の中でも、効果を発揮します。

振り返りにだって問いが必要です。Googleフォームに問いをつくっておき、先生自身の日々の振り返りにも役立てることができます。

「何か考えなさい」では、思考はストップします。問いがあると、答えようとして、子どもたちは一生懸命頭をフル回転させます。大人だって同じです。

仕事をデザインしながら、デザインについての有効な問いを集めておくといいかもしれません。ボクの場合を載せておきましたが、あなたのケースはこれとは違うかもしれないからです。練習を重ねながら「あなたにとっての問い」が見つかることを祈っています。

POINT

- 道筋を描く問いを使ってデザインしてみよう。
- たくさん練習する中で、自分に適した問いを見つけよう。
- 1つのことに飛びつくのではなくて、たくさんの選択肢を発散させてみよう。

05 実行案を選ぶために3つの基準をもつ

引き続き、卒業を祝う会の例を見ていきましょう。

最後に、継続できる形に落とし込み実行するアイデアを選択する段階となりました。発散後の実行案を選ぶ際には、3つの枠組みと3つの基準があります。まずは枠組みから見ていきましょう。

3つの枠組みに当てはめて考えてみる

実行案を選ぶための枠組みは、「個の成長・クラスの成長・先生の成長」の3つです。

ボクらはいつも個の成長を大事にします。クラスがどんなによくなっても、個が成長しなくては、次の学年に上がってまた集団依存になってしまいます。

「3月は自分の色を抜く」とか、「誰が持っても大丈夫なように」というのは、そもそも「クラスの成長」が強すぎて、個が成長してないから起こるものです。

個人がどう成長していくかということを、大事にしたいものです。とはいえ、個の成長とクラスの成長というのはリンクし合っているため、どちらかがおろそかでは、いい結果は生まれません。クラスとしてどうしていきたいかは、クラス目標と照らし合わせながら考えていきたいところですね。

最後に「先生の成長」です。子どもたちを見守る先生の成長も欠かせません。先生がどう成長していくか、いわば挑戦して何を得るかということを、デザインの中に入れましょう。前年通りでは成長は生まれません。何か１つでも変えてみるのです。

３つの基準でブラッシュアップする

アイデアを選択する段階、最後の締めくくりは、**３つの基準でブラッシュアップをします**。考えたものを精査しながら、実行していくものを選びます。

その基準とは、次の通りです。

・数値化したフィードバックがもらえるか、イベント後にも継続できるか
・多くの人の手に渡る活動になっているか

・成果が目に見える形で残り文化となるのか

まず、「多くの人の手にわたる活動になっているのか」というのは、次の項目でも書きますが、たくさんの人と関わりながら進めているかです。自分のクラスだけ、学年の子だけの活動ではなくて、他の子や大人とつながった活動になっているかということです。たくさんの人を巻き込んだ方が、より多くの子に影響を与えることにつながります。シンプルながらもそんな実行案を選べるといいですね。

「数値化したフィードバック」というのも大事な基準です。ボクらはつい、**子どもが満足している、親が感動しているのがよい活動と捉えがち**ではないでしょうか。教育の分野では数値データによるフィードバックを積極的に用いない風潮があります。ここ数十年で保護者や第三者機関には評価されているものの、形式だけのものも多い、という印象です。

最後に**今回の活動が次の世代に引き継がれていくか**という視点で問い直してみます。この1年だけで終わらない活動をデザインするにはどうしたらいいかを真剣に考え、数年続くことで、プラスの価値が生まれる活動になるといいですね。

ここまで考えてきた卒業を祝う会で、これらをもとにアイデアを整理してみましょう。

個の成長：自分らしい方法で表現する、子どもと親で1つの曲を歌い上げるチームの成長：やりたいことで４チームに分かれて出し物をつくる。その中には翌年の６年生（今の５年生）へのメッセージをみんなでつくる

先生の成長：１年生の頃の写真データを、今までの担任の先生にも協力してもらってムービーにして、舞台切り替え時に流す。新しいスキルに挑戦する

いかがでしょうか。振り返りには自分の表現度を毎回10段階で表してみて、練習や本番をつくるプロセスを数値化しておきます。さらに先生のムービーに巻き込んだ人の数を記録しておきます。５年生へのメッセージをしっかりと残すことでそれが文化になります。職員と親と子どもたちでつくる歌も、新しいこの学校の文化となるでしょう。

こうやって丁寧にデザインしていくと、やっているうちにうまくいくイメージが湧いてきて、自分自身がこの仕事（行事）をやるのが好きになってきます。デザインすることの価値は**動き出しながら自分がエンパワーされていくこと**にあるのでしょう。

POINT

- ３つの枠組みと３つの基準で実行案を絞ろう。
- デザインしていくプロセスで先生がエンパワーされる。

06

実行へのプロセスに多くの人を巻き込む

実行へのプロセスに多くの人を巻き込むことは、若手の先生にとって大事になってきます。ある実践をやってみようと思っていても勝手にはできない。だから、先輩の先生に聞く形で一緒にやってみるんです。

「これやってみたいんですけど、どうしたらいいかわからなくて、〇〇先生だったらどうしますか?」

こう言われたら、反対しづらいですよね。「一緒にやってみる」って発想は大事で、近くの先生を巻き込んじゃえばいいのだと思っています。

誰をどう巻き込むのか

人に伝えるのではなく、プロセスに一緒に巻き込んでいくという考え方をします。これはあらゆる場面に応用が利きます。

まずは子どもたち。**子どもたちをアイデアの発想段階から巻き込んでいきましょう**。

卒業を祝う会を例にとると、実行委員を企画会議に巻き込みます。

「自分らしい表現ができる学年の４チームって何がある？」

「子どもと親で１つの曲を歌い上げるとしたら、どんな曲がよさそう？」

こうやって、どんどん子どもたちを巻き込んでいきます。なるべくクラスでも意見を聞いてもらって、巻き込んでいく人数を増やしていくんです。

先生たちが主導してデザインしたことに、より多くの子どもたちを巻き込むのは鉄則で、子どもたちがつくることにもつながります。

行事への準備が進むにつれて、子どもたちの気持ちが本気になっていくのがわかるでしょう。企画検討の対話にも参加させられれば言うことなしです。

思い切って同僚も巻き込みましょう。ムービーづくりが上手な同僚に一声かけて、放課後に15分ずつをもらって作業していきます。同僚とやっているムービーづくりに、「何、面白そうなことしてんの？」と人が集まってきたら、こっちのもんです。

できたら、これまで担任してきた先生たちを巻き込みながら、一緒につくっていけたら最高ですね。動画を手伝ってくれた同僚は、きっと当日も見に来てくれるでしょう。こうやって仕事のデザインに多くの人を巻き込んでいきます。

そして**忘れちゃいけないのが、保護者の存在**です。今回で言うと、歌で巻き込みます。何回か有志で練習を企画したり、オンラインでも練習できるように、学年の先生たちと歌った見本を動画で送ったり、いろんなことができそうです。オンラインになったことで、一緒にいろんなことがやれるハードルは、確実に下がっていますね。

巻き込む前にビジョンを共有する

最後に1つだけアドバイス、**巻き込む前にちゃんとビジョンを共有することです**。

実行委員にもスローガンを決める際に、ボクらの願いをちゃんと伝えます。

親にしても、ただ「一緒に歌いましょう！」だけではなくて、ビジョンを共有して、「子どもたちに表現力、自信をつけて卒業式に臨んでほしい」という願いをちゃんと伝えます。

共有されたビジョンがあるからこそ、一緒に実行に巻き込まれるのだと思っています。

相手が気持ちよく巻き込まれる言い訳をつくる、それがビジョンを共有する上でのキーワードです。

「先生にそう言われちゃ…」

「学校がそう言うなら」

そんな言葉が出てきたらしめたもの。

ビジョンが共有されていると、当日に向かうプロセスの中で力が湧いてきます。この共有は何度も行いましょう。学年だよりや学級通信でのメッセージを何度も発信していきます。子どもたちにもことあるごとに、ビジョン（子どもたちが決めたスローガン）に戻って、話をします。

ぜひ多くの人を巻き込んで、デザインを実行していくことを意識してみましょう。子どもたちや親の表情、行動が変わってくるのを実感できるはずです。

POINT
- 子ども、同僚、保護者、多くの人を巻き込もう。
- 巻き込む前にビジョンの共有を大切にしよう。

07 日常（ケ）への取り組みをデザインする

さて、最後に「ケ」のデザインについても例を挙げておきましょう。実際のデザインについては第2章でもたくさん示してきましたが、1つ書かなかったことがありますので、それを例に挙げますね。

ファンレター・一筆箋で一人ひとりに学級通信を

2017年から下のような形の「ファンレター」を子どもたち一人ひとりに送る活動を始めました。「ケ」をデザインした結果、ファンレターに価値があるということに気づいたからです。

まずはビジョン、ファンレターを送るビジョンは「**子どもの活躍をもっと手軽に届けたい**」でした。初任校の頃、何かいいことがあると保護者

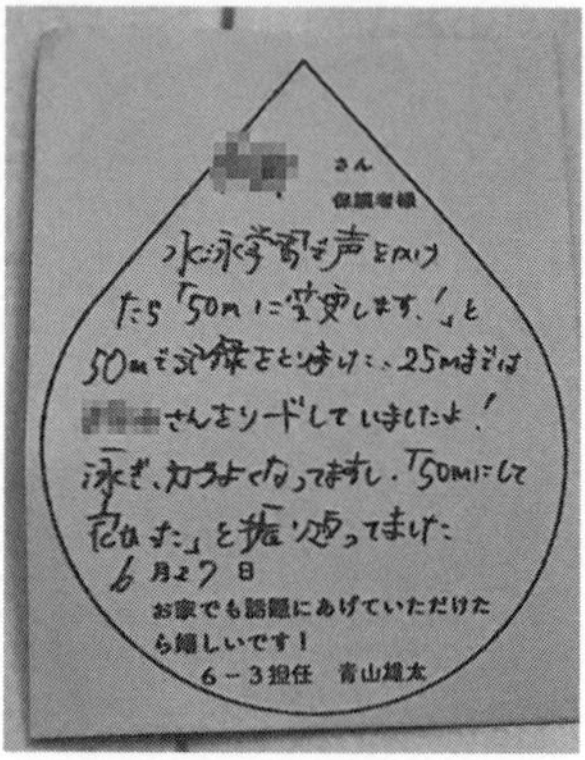

に電話する熱心な後輩がいました。「だって電話ってなると、みんなウッとなるじゃないですか。もっと気軽に電話かけられたらいいですよね」。確かにその通りだなぁと思ったんです。ただ、電話だと受けて話さなくちゃいけないから、保護者側のコストも高い。中には「そんなことで？」って思う親もいるでしょう。

その頃、学級通信も行き詰まっていました。なんとなく子どもの活躍を書いて、お知らせとともにまとめていたんですが、一斉配信になってしまっていて、一人ひとりに届いているのか疑問だったんです。もっとパーソナルな内容の個人通信を届けたい、気軽に活躍を届けたいという想いから何かできないかと考えたんです。

多様な選択肢を描き、継続に落とし込む

選択肢を描く時には127頁にある問いを使います。この時、いくつかのアイデアが浮かんでいました。学級通信の中に、子どもたちや親が書く欄を設けてやり取りをする、１枚の学級通信をＢ５サイズの半分にして、子どもの力を借りて完成させるなどが思い浮かんでいました。

ただ、「数値化できる方法があるか？」「毎日繰り返す方法があるか？」「より多くの人を巻き込む方法はあるか？」という問いには、これらの方法だと当てはまらないなぁと思ったんです。学級通信の時間を削って新しい方法に変える、ということは、**できれば放課後ではなく、子どもといる時間でできるものがいい**と思いました。

その時道徳で、『しあわせのバケツ』（キャロル・マックラウド作、TOブックス）の授業を行いました。人は誰でもバケツを持っていて、バケツの水が満タンの状態がポジティブで元気がある、空っぽの状態がネガティブで気力がない。人はひしゃくも持っていて、それで誰かのバケツの水を入れることもできるし、抜くこともできる。ただこのひしゃくが不思議なのは、誰かの水を入れると自分のバケツに水も溜まるし、抜くと自分のバケツの水も抜かれてしまうこと。そうなっていることを実感する授業を行いました。毎年行っているボクの中の鉄板授業です。

この授業で、子どもたち同士で送り合った水滴のファンレターが、このクラスにピッタリだったんです。これを先生から毎日送れないかなぁと。毎日2通ずつ送ると、1ヶ月で全員に行き渡ります。1日2枚なら、子どもたちといる間にも書いていけるな、と。

後はシンプルに実行するだけです。毎日ファンレターを送る中で、すぐに効果が見えてきました。４年生は素直に受け取れるし、親にもどんどん話します。「先生がこれくれたんだよ！」って家で話すと、「娘のこと褒められるんです！　ありがとうございます」と嬉しい言葉もいただきました。**１枚のレターが、ボクが子どもに渡す時、親に渡る時で２度認められる材料になる**、素敵な活動だとわかりました。また、ボクは日によって書く枚数がバラバラだったので、毎日記録していくことにしました。すると多いのはどんな時で、少ないのはどんな時かがわかってきました。ボクが見て書くのが基本ですが、「○○さんのいいところ見つけてよ！」って子どもたちにお願いすると、喜んで見つけてくる姿があり、またそこで友達から認められるというアイデアももらいました。

改善に改善を重ね、ファンレターの内容は通知表の材料にもなることがわかると、あっという間に毎日の活動へと変わりました。こうやって１つのデザインが形になる瞬間が生まれたのです。

POINT

- **「普通に行われていること」も改めてビジョンを検討し直してみよう。**
- **ビジョンをもとに、日常的に持続可能なデザインを目指そう。**

ある30代の先生と最近話したことがあります。**成長する若手の条件**についてです。

ボクは今でも公立の小学校の先生方と接点をもっています。振り返りを伴走していたり、みんなのオンライン職員室で毎週のように話したり、ヒミツキチラボというコミュニティにも現役の先生がたくさんいます。

最近よく話題に挙がるのが、**答えを誰かに求めてしまう先生が多いのではないか**ということです。自分にしか出せない答えのはずなのに「どうすればいいですか?」「何をしたらいいでしょうか?」と外に答えを求めてしまっています。

まるでかつての自分のよう。そうです、2校目の時、ボクは何をやってもうまくいかない1年間がありました。打つ手打つ手が裏目に出る。そんなことを相談していた時、ある同じ言葉をいつも口にしていたのを指摘されたのです。

「どうしたらいいですか? そうするのが正解ですか?」

正解を自分の外の誰かが知っていると思い込んでいました。

そんな若手の言動って何からくるんだろうと、自動車の運転にたとえて2人で話しあったんですね。

若い頃は、後部座席からまず運転する風景を見る。そこにはあまり実感はなく、ただ流れる景色を眺めている感じ。そしていざ自分で車を動かす番になると、助手席に座って、質問したり教えてもらったりする。それから隣に親に乗ってもらい、車を運転し始める。

先生の成長も同じような流れでしょうか。車の運転を任される過程に似ていて、**1つずつこなして、段階を踏みたい若手が多いよね**って話になりました。要するに失敗をしたくない、だから答えを知りたくなる。順序よく進みたいって先生が多い。

間違ってほしくないから言いますが、今の若い先生たちってとっても優秀なんです。ボクが出会ってきた若手、同じ学年を組んできた若手、例外なく皆優秀でした。でも優秀だからこそ思うことは、正解を探っている。ミスできないと思っている。若い頃にできなくて発狂していた自分みたいな人になかなか出会わないんですよね。

目の前にいる自分の友人は、ボクよりひと回りぐらい下の年齢でしたが、それらの若手とは違ったので、聞いてみたんです。「あなたはどうやって成長してきたの？」って。

すると、「違う車に乗せられた」と教えてくれました。ある日、車ごと変わったのだと。

その友人は転勤して教育委員会に勤務していたため、そんなふうに言ったのでしょう。友人は、教育委員会で若いながらも様々な仕事をして、現場に戻ってきました。だからこそできることを考え、数倍の速度で成長しています。

ボクの場合は、「こっそり親の車を乗り回していた」でしょうか。最初の半年だけ、助手席に乗ってみたものの、運転するにはこの席に座っているんじゃダメだと悟り、こんな先生がいてもいいって開き直ったんです。勝手に運転を始めました。

友人とボクに共通しているのは、**まず運転してみて考えよう**ってこと。自分で運転しないとわからないよねという姿勢です。**自分がちゃんと先生としてのハンドルを握ろうと**。

そうすると、「そもそも、運転する必要があるんだっけ？」とか「もっといい車があるじゃない」とかたくさんの気づきが生まれます。

要するに**車を走らせながら考えると成長が早いんです**。安全を確認して、そこに行けることがわかってはじめて走らせるのではなくて、自分ですべてのことをやってみる。

わからないからやらないのではなく、わからないことを積極的にやってみる。

今回お伝えした仕事のデザインって、この、「車を走らせながら考える」ことと非常に相性がいいのです。うまくいかない時は2番目の多様な選択肢から、次のアイデアを試してみるだけですから。

正解は外にあるのではなく、自分の中にしかありません。自分の仕事の舵は自分で取るために、デザインすることから始めてみませんか。

第5章

時間を生み出すタスクデザイン

01 タスクデザインとは何か？

さて、第5章では、デザインするための時間を生み出す「タスクデザイン」についてお話ししたいと思います。タスクをデザインすることで、先生の時間への感覚が変わります。

タスクデザインのもとにあるタスク管理とは？

そもそもタスク管理とはどういうことなのでしょうか。

『人生は手帳で変わる』（フランクリン・コヴィー・ジャパン編著、キングベアー出版）には、「新たなタイムマネジメントの出発点は、時間は管理できない。管理できるのは自分自身の行動だ」とあります。

そうです、スケジュールの調整だけでは、自分自身の行動管理はできません。管理するのは行動で、その自身の行動を示したものがタスクです。**タスク管理とは、自分自身がやる行動（タスク）を管理するということ**です。

タスクデザイン、挫折する人が多いのはなぜ？

でも、挫折する人が多いんですよね。その理由は2つあると思っています。1つ目は、**すべてを成功させようと思っていること**。人は誰しも、少しでもうまくいったことがあると、上達を感じ、モチベーションが上がっていきます。でも、タスク管理をすると、例外なくうまくいかない。今このタスクをやろうと思っていたら、校長先生に呼び出された、ってこともあるでしょう。同僚との話に花を咲かせていたら、あっという間に時間が経ってことも。まずはすべてがうまくいかないのが前提で、試してみることをお勧めします。走りながら考えるが鉄則ですから、1つできたらいいぐらいで挑戦してみましょう。

もう1つの原因は、**先生の仕事の特殊性**です。ボクらの仕事時間の大半は授業が占めますよね。すると残った時間、（朝や放課後の時間）は1割ぐらいでしょうか。その時間にタスク管理が必要なの？と思われる方も多いでしょう。しかし、**「だからこそタスク管理をする」が答え**です。短くても働き方に関する情報を集め、振り返り、よりよくしていくことは必須です。授業やその日あった子どものことは振り返りますよね。でも仕事の仕方は振り返らない先生が圧倒的に多く、そもそも仕事の仕方に目を向けていません。どこにエネルギーを注ぐかを考えるのは本当に大事です。もしあなたが、週末倒れてしまう仕事の仕方をしているなら、力の注ぎ方を見直す必要があります。

「終わったら消す」から離れよう

付箋で自分の仕事を管理している人もいるでしょう。付箋を使った働き方がよいと信じ込んでいませんか。でもそれだと、

・終わったら消す、捨てるという発想で、ログ（記録）が残らない
・タスクの重要度がわからない
・毎日発生するタスクなのか、突発的なものなのかがわからない

というように、実は弱点が多いのです。終わったら消す、捨てるのは気持ちがいいけど、それは一時的なことで非常にもったいない。**だったら、捨てずにデータを残したいところです**。自分がそのタスクをいつやったのか、何分やったのか、やってみてどうだったのか。実行していることからこそ振り返ることができます。

また、付箋じゃタスクの重さがわかりません。それが今日絶対にやらなくちゃいけないことなのか、さっき思いついたものなのか、付箋を張り替えるたびに判断に悩みます。この判断にかける時間を少なくできたらと思いませんか。毎日続けることに対しては振り返って改善していく…、じゃないともったいないんですよ。その感覚がタスク管理を繰り返すと生まれます。ぜひあなたのタスクデザインを手伝わせてください！

まずは、継続的に記録を残すためにも、ノートか手帳を準備してもらえたら嬉しいです。下のように、タスク名と、種類（156頁）、始めと終わりの時刻を記入するリストからスタートしましょう。

タスク	種類	始め	終わり
週案を作成する	し	15:45	16:02
体育倉庫の整理の件相談する	し	16:02	16:12
遠足の行事届けを作成する	さ	16:12	
机周りを整頓する	ル		

インボックス

水曜日の音楽の時間と持ち物を専科の先生に聞く

POINT

- タスクデザインとして、自分の行動と時間を記録していこう。
- 振り返るために、ちゃんとログを残しておこう。

02 インボックスの置き場をデザインする

さて、ボクのタスクデザインで一番重要なことを話します。それは、マクロとミクロの視点です。具体的に言うと、**すべてを把握しておく必要があるけれど、実行する時には今やることだけが見えるといい**わけです。気になることはなるべく頭の外に置いておくこと。気になることや、やらなくちゃいけないことが、全部見える状態になると、人はモチベーションが下がってしまいます。「あぁこんなにやることがあるのか…」というモチベーションダウンをあなたも経験したことがあるはずです。

そこで大事になってくる発想が「インボックス」です。

一時置き場「インボックス」を用意する

まずは**気になることを書き留めておくメモ置き場をつくる**こと。これをインボックスと言います。インボックスはさっきのノートでいいんですが、一日の仮置き場なので、今日やることではない場所に書いておいた方がいいです。仕事をしていると、「あ、あれもやらないといけなかった」が思い浮かびませんか。思いついてから何もしないと、スッと忘れてしまうものです。思いついたものの一時置き場をつくっておくということです。

インボックスの習慣がタスクデザインの効率を大きく分けることになります。インボックスがあると、一旦保留にできるため、今やっていることを大きく中断することなく続けることができます。

当然、１日の終わりには、次の日にやることを整理するための日次レビューを行うんですが、その時にインボックスを処理し、明日やるのか、やらなくていいのか、別の日にやるのかを仕分けるんですね。

この日次レビューについては172頁で詳しくみていきます。

影響の輪と関心の輪

『完訳　７つの習慣』（スティーブン・Ｒ・コヴィー著、キングベアー出版）に「影響の輪と関心の輪」という考え方があります。

この本の中で、誰でも広く様々な関心事（懸念することから興味あることまで）＝関心の輪をもっている。自分でコントロールでき、影響を与えられるものは、小さな円でくる。これを影響の輪と呼ぶことにしよう、と説明されています。

関心の輪は、自分の関心ごと。影響の輪は、関心の輪の中にあって、自分がコントロールできる部分です。つまり関心の輪の中には2つのゾーンがあって、**自分に関心があるのだけれど、今自分にはどうしようもできないこと**。それと**自分自身が影響を及ぼせること**です。後者が影響の輪ですね。新しい服を着て学校に行くのは影響の輪ですが、それについて友達がどう思うか思い悩むのは影響の輪の外の範囲です。芸能人の不祥事は影響の輪の外ですが、多くの人が関心の輪に引っ張られちゃいますよね。『7つの習慣』では、**主体的な人は影響の輪の領域に労力をかけている**と書いてあります。

インボックスというのは、この2つの輪の整理になると考えています。

一旦、影響の輪かどうかに関係がなく、気になることを置いておく。置いたもので、次自分が取るべき行動は、1日の終わりに考えるということです。気になってすぐ行動に移してしまうと、人は判断を誤り、影響を及ぼせない範囲に間違った働きかけをしてしまいます。

「あ、研究授業のことそろそろ考えなくちゃ」と思ったら、今それに対して大きく動くのではなくて、一旦置いておく。そして「こう見られたらどうしよう…」と思い悩むのではなくて、自分の授業のために自分ができることを細かく挙げていきます。過去の指導案を読みにいく、まずは仮の授業の流れを立ててみる、指導案への先生の想いを書いてみる。自分がやれることを夜に整理してみましょう。

次の日の自分にそれを渡す感じで、前を向いてやるべきことを重ねてみましょう。それだけで不安な気持ちもおさまっていくのを感じられるでしょう。

まずはインボックスをつくること、そして影響の輪の範囲にフォーカスを当てることから始めてみましょう。

POINT

- タスクの置き場にインボックスを設定しよう。
- 影響の輪だけにフォーカスできるようにしよう。

03 優先順位の2軸でタスクデザインする

インボックスを理解したことで、タスクデザインのスタートに立ちました。仕事のデザインの鉄則で言うと、次は「道筋を描く」ことです。ここでは1日のタスクをどうつくっていくかを考えていきましょう。

優先順位の2軸は「思考」と「作業」

今日やるべきことややりたいことを並べた時に考えるべきこと、それは優先順位を2つの軸で考えることです。

よくタスク管理の軸で用いられるのは、「重要度と緊急度」です。前述した『7つの習慣』でも、重要度と緊急度で4つの範囲で分けていきます。

そのうち、「緊急ではなく重要なもの」に時間をかけること、毎日に振り分けることは素晴らしい考え方だと思っています。大きなプロジェクトでやることを考える、健康についての取り組みをする、仕事以外のスキルを身につけるなどは、今すぐやらなくてもいいことですが、自分の人生を左右する重要なことです。

ただ、先生の仕事について言うと、この２軸では不十分です。先生の仕事に関しては、何が重要かどうかを判断するのが難しいんですね。それと授業時間とそれ以外、朝と放課後で仕事の質がまったく変わります。

いろいろ試して行きついたのは、**緊急度×仕事の質**です。

仕事の質の部分を具体的に言うと、**「思考なのか作業なのか」**という軸です。緊急度×思考か作業かで分けていくと、自分の仕事がよい具合に分類できることがわかりました。

締切日間際の出席簿の提出は、「緊急な作業」、指導案を考えることについては締切が遠ければ「緊急ではない思考」になりますね。

作業はルーティン化とシチュエーションで効率的に

ここで作業についてもうちょっと深くみていきましょう。

ボクは「音楽を聴きながらでもできること」を作業だと認識していました。具体的に言うと、**あまり頭を使わなくてもできること**です。実際に職員室でも音楽を聴きながらやっていました。人にもよりますが、頭をそんなに使わなくてもできることは作業です。

どの仕事が作業か思考かを考えていると、あることに気づきました。**作業はシチュエーションが大事だ**ということです。「どこで誰とやる仕事なのか」ということです。

たとえば、印刷の作業はまとめた方がいいし、思考と思考の間に挟めば休憩代わりになります。その仕事をする場面が非常に大事なのです。

それに対して**思考は、やる時間帯が大事**です。ボク自身の感覚としては、思考には圧倒的に朝の方が適しているのがわかりました。

実際に時間を測ってみると、夕方やる週案づくりは40分かかりましたが、朝にやると15分で済むことも。疲れ切った放課後に思考の仕事をもってくるのはナンセンスなのです。

思考のタスクはなるべく学校についてからの朝の時間にまわし、作業のタスクは放課後でもあまり効率が落ちないことがわかったので、放課後に並べるようにしました。

そうやって自分がやっている仕事を、思考なのか作業なのかで分けてみてください。ノートに書いたタスクに、「し」(思考)、「さ」(作業)で書いてみましょう。それをもとに、やるべきことの順番を調整しましょう。

そしてそれらを、下の画像のようにリストを使って並び替えます。手書きでもデジタルでも構いません。

ただの付箋も、思考や作業の情報が入って1日にやる順に並んでくると、意味をもち始めます。ノートの場合も殴り書きで構いませんので、思考なのか作業なのかで、シチュエーションや時間帯を入れ替えてみてください。

タスク	種類	始め	終わり
週案を作成する	し	15:45	16:02
体育倉庫の整理の件相談する	し	16:02	16:12
遠足の行事届けを作成する	さ	16:12	
机周りを整頓する	ル		

インボックス

水曜日の音楽の時間と持ち物を専科の先生に聞く

POINT

- 緊急度と仕事の質でタスクデザインしてみよう。
- 仕事の質によって何を大事にするのか見極めよう。

04 タスクデザインのサイズダウン

「実行への道筋を描く」段階で、もう一つ大事にしたいことは、**タスクサイズを適正にする**ことです。これは思っている以上にも効果があることなので、ご紹介しますね。

大きなタスクは小さく分解する

大変だなぁと感じているものや、やったことのない仕事にはなかなか手をつけられないものです。ボクだっていまだにそう。そんな大きな仕事に向かう時は、**できる限り小さく分解すること**がおすすめ。道筋を細かく描き、実行のハードルを低くするんです。

「研究授業の準備をする」をイメージしてみます。これを小さくしようとした時に、「指導案を書く」だとまだまだ大きすぎる。

・過去の指導案を調べてみる
・指導案を見て有益なことをメモする

・授業者の想いの部分だけ書いてみる

こうなってくると、実行できそうじゃないですか？　大きな仕事は小さくして、精神的なハードルを低くして取り組んでみましょう。

実行の際には、**タスクを動詞で書く**ことも意外と効果があります。「過去の指導案」じゃなくて「過去の指導案を見てみる」と動詞にする。たったこれだけのことなんですが、ハードルがグッと低くなるのを感じませんか。小さなことでも自分をうまくのせること、騙すことで動きやすくする状態をつくります。**タスクデザインの実行段階で大切になるのは、自分の感情**です。自分の感情がタスクに向かって動きやすくなる状態をつくっていくのです。モチベーションを大きく保つって、考えている以上に高度なこと。**「モチベーションって保てない」と考えた方がいい**。だからタスク管理を使って、うまく自分を騙しながら、モチベーションを高い状態にもっていき続けるんです。

タスクを適切な時間帯に分ける

タスクの大きさだけじゃなく、**いつやるかの範囲を狭めてあげることで大きな成果が生**

まれます。先ほど例に挙げた3つのことを、それぞれどの範囲でやるのかを考えます。
①朝起きた家での時間帯（あまり多くのことはできませんし、しません）
②朝学校に着いてからの時間帯
③放課後授業が終わってからの時間帯
④放課後家に帰ってからの時間帯
この中で多く使っちゃいけないのは、④です。働き方改革の観点からも、帰ってからの時間まで仕事したいって先生はいないでしょう。なるべく②、③に振り分けます。できれば①も使いたくないのですが、**自己投資としてボクは①の時間帯も大事にしています**。②③を適正時間に保つために、①の時間に仕事を充てることも、たまにはあるんです。忙しい時期に、夜遅くまで残るんじゃなくて、朝を活用しなるべくフラットに仕事をすることで、疲れを翌日に残さないようにしています。エネルギーの適切な分配です。

さて、「過去の指導案を調べてみる」ことは、③でもできそうです。このタスクは放課後でも効率が変わらないと思います。あまり思考が伴わない作業ですので。「指導案を見て有益なことをメモする」については、ボクなら①朝の時間帯を使います。思考が大きく伴うし、誰の邪魔も挟みたくないからです。「授業者の想いの部分だけ書いてみる」は、

②の時間帯を使います。②の時間帯は、授業開始までに時間の制限が生まれます。「８時に子どもたちが来るまでの時間で集中して書けるだけ書こう」となるからです。時間制限が生む力を有効活用しましょう。

こうやって**時間帯（セッションと言います）によって、タスクを適切な位置に分配したことにより、タスクがもつ大きさを間接的に小さくすることができます**。

この例で言うと、「指導案をつくる」ことを、①②③に分割してやっているため、疲れません。これをずっとやろうと思うと、なかなかハードなのは想像できますよね。

大きなタスクは小さくしていくことが基本になります。タスクサイズを細かくしたり、間接的にサイズダウンしたりすることで、より明確な道筋を描くことができます。

POINT

- 大きなタスクは小さく切ってみよう。
- 適切な時間帯に配置して、間接的に小さく捉えてみよう。

05 タスクのハードルを下げるコツ

さて、タスクデザインの最終段階に入ります。3つ目はそう、シンプルに実行する段階です。タスクは小さくして、時間帯ごとに並びました。いよいよここからは実行です。

とりあえず5分やってみる

一つひとつのタスクをやるうちに、どうしても始めにくいタスクがあることに気づきます。そんな時は、少しだけ手をつけてみましょう。「大変だ、やる気が出ない」と感じても、**「5分だけやってみる」って決めてみます**。

ちょっとやり始めたら、さっきまでのやりたくない気持ちはどこかにいってしまうのを感じられるでしょう。これは、**物事は動き出すと、その動きを確かめられる**っていう性質に基づいているんです。動き出すと、進んでいることにちょっぴり自信が湧いてきます。

指導案を見てみると、何らかのことが浮かんでくる。もしくは何も浮かんで来なかったら、今やっていることが不要なことだってわかるんです。そう、**動き出せば何らかの気づきを得られるため、物事が進んでいくのです**。

1回の仕事に取り組む時間は、18分〜25分がおすすめです。25分取り組んで5分休む仕事の仕方を、「ポモドーロテクニック」と言って、有名な仕事方法の1つです。イタリア語で「トマト」という意味をもつこの方法は、トマトのタイマーを使っていたことから、そう言われています。

25分にタイマーをセットして、区切って進めていきます。2時間頑張るのは辛いけれど、25分×8回なら、休憩を加えていけば、やり切ることができます。巻末にある「人生を大きく変えた18分集中法」（186頁）に詳しく書きましたので、ぜひ読んでみてください。

最初からモチベーションが高い人はいません。実際にやってみて、動いているのを確認しながら、モチベーションを高く保つのです。たった数分でいいのなら、人は動き出しやすくなります。細切れにして、間に休憩を挟んで、何度も進むことで、いつの間にか大きな仕事も終わっているはずです。

成果は小さくていいから、一歩ずつ踏み出していくこと、ちょっとだけ進んだその成果が、次の片足を前に出す力をくれるのです。

その他のハードルを下げる工夫

その他にいくつか、ハードルを下げる工夫を挙げておきます。ボクが10年以上試してこれはよかったなぁと思うものです。

1つ目は、**重要なタスクは目立たせること**です。タスクによって重要度を変えておき、今日必ずやりたい大事なタスクは、赤ペンで書くようにしていました。敢えて目立つようにして、今日すべてのタスクが終わらなくても、赤ペンで書いたタスクを終わればいいとしていたんです。赤字があると、「よし、こいつをやっつければ今日の大きいのは終わるぞ！」とゲーム感覚で臨めます。赤字の代わりにアンダーラインを引いたり、デジタルだと画面上で目立たせたり、いろいろな方法があります。厄介なやつほど目立たせることでテンションが上がる人も、きっといるはず。

2つ目は、**ご褒美を用意すること**です。難解なタスクを3つクリアしたら、コンビニで美味しいスイーツを買うなどです。ボクはセブンイレブンの「もこシリーズ」が好きだったので、難解なタスクに取り組んだ日は、自分のために買っていました。毎日これをやっていたらキリがないですが、たまには外的要因に頼るのも悪いことじゃないと思います。

３つ目は、**好きなことと組み合わせること**です。ボクはMr.Childrenの音楽がずっと好きなので、数日続く難しいタスクにはMr.Childrenの音楽を聴きながら臨んでいました。聴くとテンションを保てる曲や困難に打ち向かっていく曲のリストがあるため、それを聴くことでモチベーションを保っています。

ボクらは機械じゃありません。**「このタスクやりたくないなぁ」が人間の自然な姿**です。そんな時もタスクに向かっていけるような武器をもちましょう。「私は意志が弱いから」と思う前にできることがあります。「この人は仕事がすごい！」と思える先生の仕事を観察したり、質問したりしてみましたが、共通していたのは、**自分のモチベーションを保つためのコツをもっていた**ことです。みんな、そうやって騙し騙しやっているんですね。感情を管理し、結果を出していくのが、プロの技なんでしょう。

POINT

- ５分でもいいから、と取り組んでみよう。
- 自分なりのハードルを下げるコツを見つけて、騙しながら前に進もう。

06 クローズタスクリストという武器のデザイン

さて、実行段階になると、必ず問題になることがあります。それが、**突発的に起こるタスクをどうしようか問題**です。やるはずだったタスクはいいのですが、「あ、これやらなくちゃ」というタスクをどうするかということです。でも安心してください、それについても対処法があります。それは、**突発的な場合のルールを決めておくこと**です。

突発的なタスクをどう裁くかがタスクデザインの鍵

ちなみにタスク管理をしていなければ、「突発的なタスクなんて当たり前、いつも起きるもんさ」となるでしょう。でも、ちょっと考えてみてください。丁寧にタスクを並べていなければ、突発的に起こったタスクかどうかも意識することなく過ごしていませんか。頭がごちゃごちゃになって「あぁ今日も終わらなかったな」と。仕事がこんがらがって、「進んでないのに、今日が終わる」はこうやって生まれます。

この突発的なタスクなんですが、『仕事に追われない仕事術』（マーク・フォースター著、ディスカヴァー・トゥエンティワン）という大変有名な本にヒントがあります。その中に「マニャーナの法則」という考え方が出てきます。**新しく発生した仕事は①「明日やる」を基本にする、②クローズ・リストを使う**の2つが、マニャーナの法則です。つまり、**突発的に起こったタスクを今日やるタスクに足さないようにするのです**。今日生まれたタスクは分けて考えて、明日以降にやろうとし、自分がやるタスクは、クローズ（増減不可）にしてしまうリストをつくるわけです。

なぜかって、その方が感情を大きく乱さないからです。あれもこれも今日やろうとしたら、今日のいつやるのか、今までのタスクはやった上で？　どれかを削って？　という判断の回数が増えていきます。この**判断の回数を0にして、突発的に起こったものは明日に回す**という判断をするのが、クローズ・リストです。もちろん今日やるべき突発タスクはやるんですが、基本的にそういうものは多くないはずです。

ボクはこの考え方を長いこと実践してきました。それまでは突発的に起こったタスクは「とっても重要なもの」として考えてしまい、振り回されていたんですね。でもクローズ・リストの考え方を知って実践していくと、それでも十分に回るというのが実感できました。そしてさらにそれを発展させて、クローズタスクリストとしました。

長年の経験による
クローズタスクリスト

【クローズタスクリストの原則】
・増減不可のチェックリストを使う
・突発タスクについてはインボックスに置き、明日に回すか今すぐやるかで判断する
・インボックスのリストを明日以降に振り分けるタスクをつくっておく

突発的に起こったタスクはインボックス（150頁）に一度置きます。それが今日やらなくちゃいけないものかの判断軸は、**今日やらないと迷惑をかけてしまうかどうかと、3分以内で終わるものかどうか**の2つです。今日やると決めたら、今日すぐにやります。「今日のいつやるか、どこでやるか」という判断をせずにすぐです。**なるべく判断の工数を下げる**のです。3分以内で終わると思ったタスクも即やります。明日に回せば、そのタスクを

どうする？に3分以上かかるからです。短いものは即実行します。

明日でいいと思ったものは、**その日の夜に別の日のリストに移しておきます**。そして明日以降に、いつどのタイミングでやるか、タスクの大きさは適正かを考えます。

ボクはクローズ・リストの本当の価値は、明日に回すことにあるのではなく、**明日に回した上で、翌日の朝に適切な位置に配置してからタスクに取り掛かること**にあると確信しています。適切な位置へのポジショニングをしないままタスクを始めてしまうと、判断するものが増えてしまいます。**判断という思考の工数が上がってしまうと、人は疲れてしまいます**。考えたのにタスクが進まないという状況が疲れを生んでしまうからです。対応が複雑になることに脳を使わないために、次の日の適切なポジショニングに頼ります。

インボックスに入ったものをチェックするタスク（日次レビュー）があると、こういう仕事の仕方が回り始めます。タスク管理の仕組みづくりの重要度が伝わったでしょうか。

POINT

- 「あ、これやらなくちゃ」はインボックスに入れる、その日の仕事を足さない。
- 今やるかどうかの仕組みをつくり、判断の工数を下げよう。

07 ログを使ってタスクデザインを改善する

さて、実際にタスクデザインを実行していくと、次のようなことがわかってきます。

・自分はどれぐらいの時間をかけて仕事をしているか
・この仕事はどの時間帯と相性がいいのか
・どの仕事を毎週こなしているか

自分の働き方に関する情報が集まってくるんです。

ここで知っておきたいことが、**仕事を数値化して捉える**という発想です。**先生の仕事には数値化の場面が少ないというより、限定的**です。だから、もしかしたらこの発想になりにくいのかもしれません。

先生としての自分の仕事を数値化する

先生たちは、生徒の行動や学びの結果を数値化しますよね。テストの点数、成績という評価で、数値化することは山ほどやっています。

それがいいか悪いかは置いておくとして、大事なのは**先生自身の行動もちゃんと数値化してみましょう**ということ。

人の存在を何点なんて数値化するのはナンセンスですが、「自分の今日の仕事は何点だった」という振り返りのための数値化には意味がありそうです。そのために、デザインしたタスクを数値化して記録することに価値があります。数値化は自然には起きませんので、数値化する方向にもっていくのです。

たとえば時間です。ある仕事に何分かかったかどうかを記録するからこそ、同じ仕事を朝にやった時と夜にやった時の比較が可能になります（タスク時間の記録については、190頁参照）。

さらには、文字数などはどうでしょうか。10分取り組んだ時の、所見の文字数を記録しておきます。昨日は10分で500文字だったのが、今日は300文字に落ちていたとしたら、そこには何かしらの要因があるはずです。

毎回、その要因を振り返っていくようにすると、少しずつ仕事は改善されていきます。

自分の仕事を定点観測する

もう1つ大事なポイントは、**数値化した仕事を、毎日（週・月）定点観測すること**です。同じ地点で観測するように眺めるのです。ボクはそれを**日次レビューや週次レビュー**として行っていました。

日次レビューでは、自分のこなしたタスクの数や、先送りしたタスクの数を数えています。また、188頁に書いたカウンターを使う時期は、回数を記録していて、1週間、2週間毎日記録します。

週次レビューとしては、1週間にこなしたタスクの数やカウンターの数を曜日と連動して眺めて、わかったこと、やってみたいことを記録していきます。

「あ、水曜日のカウンターの数が毎週低いなぁ」「文字数は月曜日の朝が一番多くて、金曜日の朝が一番少ない。疲れ具合に連動しているのだろうか」。定点観測することでいろいろなものが見えてくる、気づくわけですね。この生まれてきた気づきを次の日、次の週のタスクデザインに生かしていくこと、それによって改善が進みます。

毎日観測するもの、毎週観測するもの、何を定点観測するかを定めておくといいですよね。仕事をするタスク数、書けたファンレター（138頁参照）の数、退勤時間など、数値化して眺められそうなものは、先生の仕事には思ったよりあるはずです。これを毎日や毎週のタイミングで振り返りのために残しておくことを習慣にしてみましょう。数値化をうまく活用すれば、自分の仕事を俯瞰的に眺めることもできます。定点観測はまさに俯瞰の観点、タスクデザインすることで、俯瞰的に仕事を捉えやすくなるのです。

ボクも下のように実施したタスクと未実施の数を記録して、気づきをメモしています。このように毎日の気づきから改善のポイントを見つけていきましょう。

日付	タスク数	未実施	25分での文字数	気づき
7/3	37	9		コメントをちゃんと入力する
7/4	35	5		storyparkは放課後の方がいい！
7/8	26	19		夜RUNは夏休みから
7/9(土)	39	1		気づきなし
7/12(土)	35	0		夜にPCを使う可能性を下げるために何をするか ルーティンには時間以外の計測項目が必須！ ゆっくり休んで働いて、楽しかった１日
7/23(土)			1931文字	
7/24(日)	30	1	2014文字	未着手のタスクを0にする。それを目標にやっていく

POINT

- 先生の仕事を、数値化してみよう。
- 数値化したものを定点観測してみて、振り返る習慣をつけよう。

08 タスクをルーティン化する

ルーティンをつくる意味

さて、実行してタスクが溜まってきたら、あることに気づくはずです。

「あれ、このタスク、毎日必ずやっているな」と、繰り返しタスクに気づきます。

これを毎日手書きで書かなくちゃいけないってかなり面倒くさいですよね。意図せずとも無意識にできればいいのですが、習慣になるには、時間もある程度必要です。

この毎日行うタスクのことを**「ルーティンタスク」**といい、**毎日・毎週・毎月やるパターン化されたタスク**のことを指します。

公立の小学校で「先生の時短」に関する研修講師を務めた時、先生たちにやってもらったのが、毎日・毎週・毎月の「ルーティンタスクの把握」です。やってみるとわかることなんですが、先生たち、このルーティンを見つけるのに戸惑うんです。

「あれ、俺、毎日何やってんだっけ」

「なんでこんなに毎日やってることないのに、忙しいんだ?」

そんな声があちらこちらからあがりました。意外にも、ルーティンタスクを意識していない先生が多いのです。

どうしてルーティンタスクを大事にしてほしいかというと、**圧倒的に心理的負荷が小さいから**です。毎日の繰り返しなら、タスクの効果的なやり方がわかってきます。そして続けていくと、いつの間にか歯磨きをするように当たり前にこなすことができます。当たり前になると、心理的なハードルがぐんと下がります。

教員の頃、出席簿にハンコを押していましたが、ハンコを押して、アレンジャー（お便りが入っている棚）を確認して、校庭にスプリンクラーを撒くまでが朝のルーティンでした。ルーティンを意識したのは最初の十日間ぐらいで、そのうち何をやるかを意識せずとも体が動くようになり、習慣になったら何も考えずとも自動的に行うことができました。

すべてのタスクのうち、どれが繰り返しにできるものなのか、他にやっているルーティンはないか、探してみましょう。その時、毎日、毎週、毎月、（数年後には）毎年を意識して取り出してみるといいと思います。**大切なポイントは、やったタスクから取り出すこと**。

やっていないのに、ルーティンをつくろうとしないこと。自分が繰り返しているタスクを取り出すことが大事です。

ルーティンを毎日・毎週・毎月に仕分けする

ちなみに2018年当時の教員時代、ボクがやっていたルーティンタスクは下の通りです。

ルーティンを把握すると、**ルーティン以外のタスク、自分が向き合っている仕事のタスクに、どのくらいの時間を割けるのかがはっきりしてきます**。ルーティンを把握することで、仕事全体を把握することもできるんです。ルーティンを無視して付箋にやることを毎日書き出していたら、仕事に追われる感覚から抜け出せないでしょう。思いついたことからやっていくのは、一見気持ちがいいもののように感じますが、恐ろしく非効率です。

毎日	・カード出勤　・アレンジャー　・iPad 取り出す　・スプリンクラーを撒く　・書類管理をする　・教室の見回りをする　・プリント類の印刷を頼む　・ジャーナルを読む　・整理整頓する（机の上を何も置かない状態に）
毎週	月曜日　・学年研をする 火曜日　・研修に出かける 水曜日　・週案を仮作成する 木曜日　・週の予定を印刷　・自学カレンダーを印刷しておく 金曜日　・週案を作成する　・シュレッダーをする
毎月	・安全点検を提出する　・出席簿のデータ化をする ・出席簿を提出する

ルーティン化したタスクは、違うメモに書いたり、フォーマットをつくったりしておいて、タスクリストに加えておきましょう。デジタルでタスクリストを管理すると、こういうルーティンタスクも、毎日自動発生するように設定することも可能です。

毎月単位のルーティンも見えてくる月末が、ルーティンタスクをつくる、あるいは見直すいいタイミングかもしれません。取り出したルーティンはいつの時間帯（セッション）でやるといいのかも把握しておきましょう。

今やったことから記録を取り出し、整理していくと、だんだんと全体が把握でき、落ち着いて仕事に取り組めるようになります。そのためにルーティンタスクは必須です。自分の仕事の中で繰り返しやることを把握しておくことで、そのタスクをどう扱ったらいいか、どう仕事をデザインしていくか、考える機会になるはずです。

POINT

- 実行したタスクからルーティンタスクを取り出そう。
- ルーティンを毎日・毎週・毎月に分類し、いつやるといいのかも考えよう。

タスク管理をはじめて知った時に思ったことは、「気持ち悪っ！」でした（笑）。この本でボクのやっていることに対して、同じように感じていたらすみません（笑）。でも、ボクが10年続けているのには理由があります。その価値をこのコラムでお伝えします。

鍵になるのは行動の裏にある感情

タスクデザインをはじめてみて、最初に期待したのは、**タスクデザインをすると抜け漏れが少なくなるのではないかということ**です。それ以前はやらなくちゃいけないことを忘れることがよくありました。自分のやりたいこと、やらなくてはいけないことの抜け漏れをなくすこと、それが最初の目標でした。

結果、抜け漏れは、だいぶ減ったと思います。ルーティンタスクがもたらす効果は絶大で、意識せずに繰り返すタスクをこなせるようになってきました。

抜け漏れがなくなってくると、**うまくいかないタスク、いつまでも居座るタスクに気づきました**。「あ、ボクこれやりたくないんだ」と思うものがいくつも見えてきたんです。はじめての場所に電話をかける、指導案を書くなど挑戦が伴う大きなタスクなどは、進まなかったんですね。そういえば、若手の頃、指導案を書かなくちゃいけないのに机の整理を始めている自分がいたのを思い出しました。どう取り組んでいいかわからず、やったことがあることに逃げていたんでしょう。ようやくこの辺りから、やりにくいタスクはどうしたら進むのかと考えるようになってきました。そしてタスクの大きさを変えたり、範囲を変えたりすると進むというのは158頁に書いた通りです。

タスクデザインで受けた最大の恩恵は、**仕事への感情面に気づくようになったこと**です。ボクらの行動を妨げるのは感情であって、自分の感情に自覚的になったことが大きいです。仕事には、やりたくないことも、喜んでやることもあって、そういう感情を分けながら前に進めるようになりました。ボクはデジタルツールでタスクデザインをしているのですが、その仕事を始めるのは大変でも、タスクのスタートのボタンを押すことは簡単です。「難しい仕事に手をつけること」を、「アプリのスタートボタンを押す」というハードルが低いことに変換することで、感情をうまくコントロールしながら行動につなげていけるようになりました。

大事なのは、自分がやることを意識していることです。意識し始めると、意識外のことが見えてきます。タスク管理は、自分の仕事への意識の精度を確実に高めてくれました。

タスクデザインを自分の行動すべてに広げてみる

さらに続けて気づいたことは、**仕事だけをタスクデザインしていてもダメだなということ**です。先生の仕事の時間は、授業を除くとわずかしかないからです。学校に来る前、学校から帰った後の時間も含めてデザインできるようになると、変わってくるんだろうなと。程なく、1日の時間すべてをタスクデザインするようになりました。すると、自分の時間の使い方に随分と無駄があることや毎朝の時間には可能性があることにも気づいたのです。

そこで始めてみたのがブログを書くことでした。**朝起きてから、学校の仕事ではないことをしよう、人生を変えるようなことをしよう**、そう考えることができたのは、1日をデザインするようになって、時間の使い方を把握できるようになったからです。

最初は仕事だけだったタスクデザインをすべてのことに広げてみて、生活の質も変わっていきました。家事を合間に入れることで休憩になったり、育児はタスクの外に置いてたっぷり味わうようにしてみたり…。今でも奥さんにはたくさんの迷惑をかけてしまっているんですが、より意図した行動ができ、自分の人生が好転していきました。

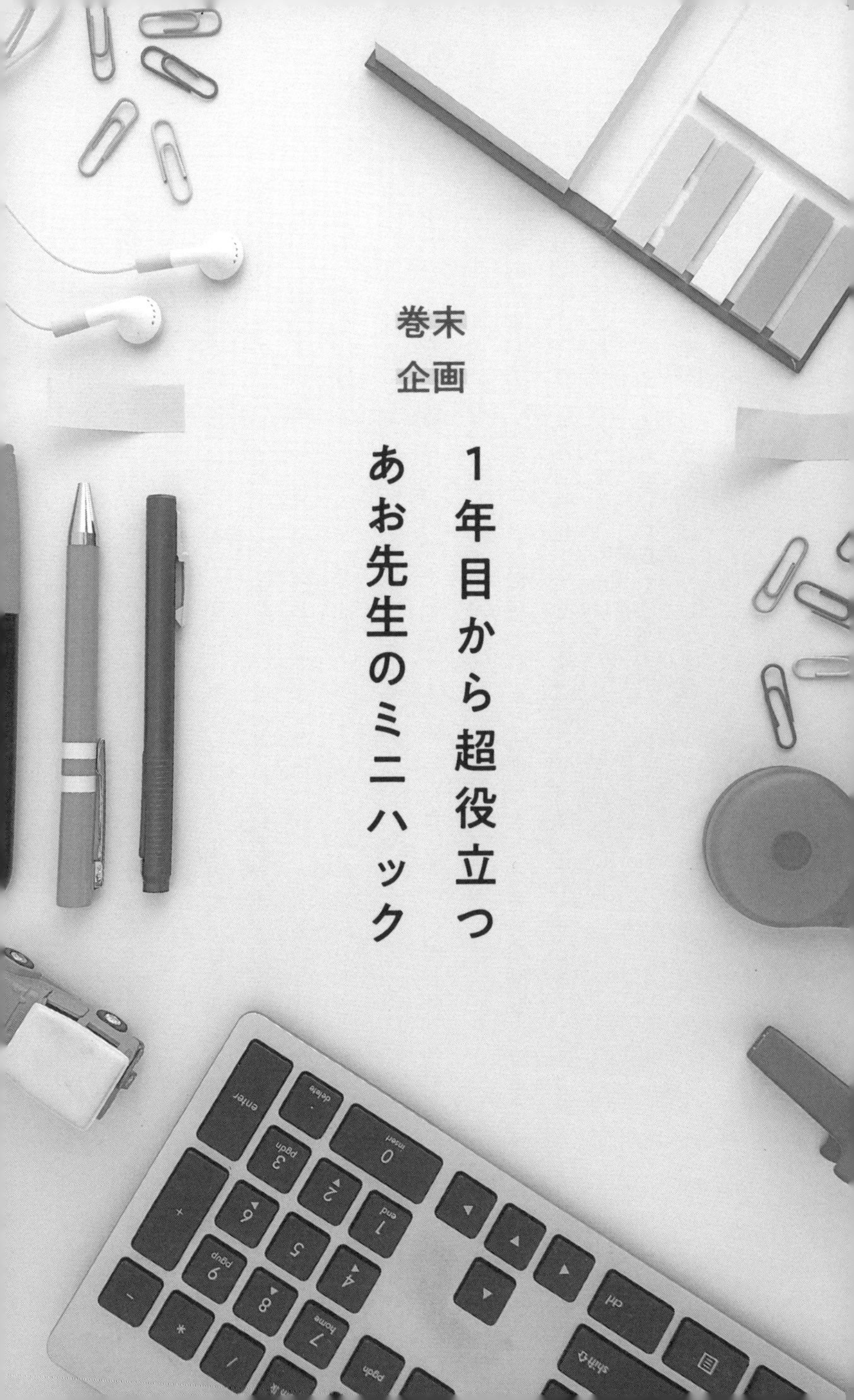

巻末企画

1年目から超役立つ あお先生のミニハック

HACK 01

思考するための時間を毎日キープする

最初のミニハックは、**思考するための時間を毎日キープすること**です。ミニハック？と思った人もいるかもしれません。詳しく話しますね。

ボクらの日々は本当にあっという間に過ぎ去ります。1日やらなくちゃいけないことに追われて、また次の日が来る…。先生だったらそんな経験が誰でもありますよね。ボクも例外なくありました。やることが終わってないのに、朝になるという経験が…。

この状態を抜けるための方法を、仕事のデザインという形でこの本では示してきましたが、一番大事なことをお伝えし忘れていました。

それが、「思考するための時間を毎日キープすること」です。毎日何かをじっくりと考える時間をあなたはもっているでしょうか。

学校の仕事が第一であることは前提として、大切なことを考える時間というのは、案外取れないものです。自分が意図しないと考えずに過ぎ去ってしまいます。

・自分はこれからどう生きようか
・この1年はどんなことに挑戦しようか
・今回の授業案で一番大切にしたいことは？

毎日の思考の時間をちゃんともつことは、本当に大事なことです。

【巻末企画】1年目から超役立つ

あお先生のミニハック

ボクの場合、ブログを書こうと決めたのも、オルタナティブスクールの先生になろうと決めたのも、この本が生まれたのも、ある朝の思考の時間です。**大事なことはいつも朝に考えます**。ボクは早朝の時間ですが、それが叶わない人もいるでしょう。学校のことなら、学校にいる時間でもいいと思います。15分から20分、じっくりと考え抜く時間をとってみるのはいかがでしょうか。

ボクの場合は、ハードカバーのノートと万年筆でじっくり書き連ねます。

・考えたいことを考え抜く
・大きな仕事のデザインをする
・前の日に考えたことやリフレクションをもとにじっくりと考える
・オンラインサロンの記事を読んで考えたことをまとめる
・本を読み終わったらポイントをまとめる

こんな形でしょうか。家族にも邪魔されない朝の時間で、このようなことを毎日、毎日考えています。嬉しいことに年々その質は上がっています。デザインするとしたら、ちょっとまとまった時間が必要です。まずは毎日のタスクのスタートに、思考の時間をおくこと。この本を閉じたら、明日からでも始めてみませんか。

HACK 02

教員手帳という強い味方

ボクは手帳が好きです。

その手帳歴については詳しくはブログに書いています。ほぼ日手帳から自作の手帳まで、働き始めてから、たくさんの手帳を使ってきました。小さい頃から？と聞かれると全くそんなことはなく、働き始めてから必要に駆られて使っているうちに好きになりました。

みなさんは「教員手帳」という心強い味方を知っていますか？

教員用の手帳はいろいろと出版されていて、ブログにまとめてありますのでよかったら欄外のＱＲコードからどうぞ。

ボクが手帳に求めることは２つです。

・自分の未来のつくり方
・子どもたちの記録

Appleオタクですし、ほとんどすべてのことをデジタルでやりたい自分であっても、この２つは紙の手帳を使います。

１つが、**自分の未来をつくるということ**。自分が本当に望んでいること、やりたいことを形にしていくのには、手書きで書くことに意味があります。週案の予定も手書きしてからパソコンに向かっていました。

そしてもう1つが、児童の記録です。教員時代は、外に持ち出さないことが必須だったので、どうしたらいいかと考え、「教員手帳」を見つけました。学校の中のことはこの手帳の中で完結して、学校に置いて帰る、を徹底していました。

そこで愛用していたのが、『ほめ言葉手帳』（明治図書出版）です。

ほめ言葉手帳は、子どもたちの記録がたっぷり書ける欄があること。週案のデザインが優れていること、菊池省三先生の価値語録などがあることなどいいこと尽くしです。

バッグで持ち歩くにはやや大変なサイズですが、**その制限によって「学校での仕事は学校で終わらせる」という覚悟ができた**と思っています。

さらに手帳という紙媒体だと、枠があります。枠があるというのは思考を制限するようにも思いますが、枠があるからこそ、その枠の中でどう考えるかが生まれます。

クラウドなどで、いつでもどこでも仕事がしやすくなりつつある時代だからこそ、こうして**自分自身で制限をかけることがクリエイティブを保つ秘訣**です。

うちの妻は『教師生活手帳』（明治図書出版）を愛用しています。明治図書さんの教員手帳は4冊というバリエーションの豊富さも素晴らしいです。ぜひ手に取ってみてはいかがでしょうか。

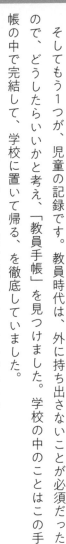

人生を大きく変えた18分集中法

自分の人生を大きく変えたものの中に『18分集中法』（菅野仁著、ちくま新書）があります。

ボクらは学校の授業時間の単位（45分や50分）が、集中できる時間として適していると思い込んでいないでしょうか。大学だったら90分になりますが、90分間集中できた！という経験ってありますか？

そうです、集中力ってそんなに続かないんです。90分経った後に感じるのは、達成感だけで、次の90分間、また集中しようとは思わないはずです。

これは小学生の45分だって同じです。ボクは45分の集中は不可能だと思っています。

ポモドーロテクニックというのがあるというのは、163頁で話をさせていただきました。今は25分という単位で仕事をすることが多いです。しかしながら、以前は、どうやって集中力を保っていいかわからず、悩んでいた時期がありました。

そこで出会ったのが18分集中法です。これは著者である菅野さんが、自分なりにいろんなことを試した上でたどり着いた結論だそうです。ポモドーロテクニックにも共通することなんですが、**スタートの浮揚感である「初頭努力」と、締切間際の頑張りにつながる「終末効果」の2種類をうまく作用させながら、中だるみをなくすためのテクニック**なのです。スタートはやる気が出ますし、ラスト5分なら頑張れる。18分というのは中だるみを極力生まないように配慮した絶妙な時間なわけです。

タスクデザインの章で、大きなタスクは小さくすると話しましたが、それとも非常に相性がよいのです。18分でできることなら、必然的に小さなものになります。たとえば1時間自由に使える時間があったら、18分×3セットと考えます。嫌な仕事、苦手なタスクでも、最初の18分だけなら…ということで、取り組むハードルが下がるんですね。

そして長く走ることができるんです。18分×9セットでも集中が続くことを実感できるでしょう。この本だって、ちょうど1項目1500字ぐらいをおよそ20分で書き続けて、一冊の本になりました。

短い時間で区切ることで、達成感も一つひとつに感じることができます。集中力も持続させることができます。長く大きな仕事も、「18分単位でいくつ必要か」という考えが生まれてきます。

騙されたと思って18分集中法に取り組んでみてください。著者の菅野さん、残念ながら2016年に他界されていますが、教育に関する著書も多数出しており、一読の価値があるものばかりです。ぜひ読んでみてください。

HACK 04

カウンターを使って努力を数値化する

100円ショップでも売っている「カウンター」をご存知でしょうか。数取器とも呼ばれるこちらは、カチッ、カチッと押して数を数えるためのものです。ボクにとっては今でも使う大事なツールです。

何に使うかというと、**子どもを勇気づけられた機会の回数を数えるために使うのです。**「勇気づけ」は、アドラー心理学の用語です。褒めるでも、励ますでもなく、勇気づけること。勇気づけとは、**子どもたちが前に進んでいくための力になる勇気を与えることです。**その回数を数えているのです。

尊敬する先輩はクリップをポケットに入れて、子どもを褒められたら左のポケットから右のポケットに移すと言っていました。ただ、整理が苦手なボクがそれをしたら、ポケットの中が大変なことになります。そこでカウンターを使うことを閃きました。実際にカウンターの大きさであれば、ぎりぎりポケットに入ります。当時履いていた緩いジャージなら、ポケットに入れても子どもたちに気づかれないわけです。

カウンターの回数は、最初は10とか20回などしかいかないのです。

「一人一回もできてないのか」と自信を失いそうになります。しかし、続けていると、勇気づけをするポイントを見極められるようになります。「あ、ここは子どもたちのよさに声をかけられそうだ」とポイントが見えるようになるのです。1つカチッとすると、次のカチッが続いていきます。いつの間にか回数も100回を超えるようになりました。そして数値化することで、振り返りの材料にもなることは話してきましたね。自分自身の行動を客観的に振り返る材料となっていました。

また、**カウンターがポケットにあるだけで、勇気をくじいてしまう場面（叱る、怒っているのが伝わってしまう）で、抑止力が生まれます**。つい、子どもに厳しくしてしまうことに悩む先生、いませんか。「なんとかその場面を勇気づけに転換できないかな」、そんな発想が生まれ、本当に転換ができるようになってくるんです。ボクにとってはずっとポケットに入っているお守りみたいなものです。

子どものよいところを見るというのは、筋肉と一緒で、定期的なトレーニングが必要だと思っています。最近「よいところ、見れてないな」と思ったら、ポケットの中にこのカウンターを忍ばせるようにしています。定期的にトレーニングをすることで、子どもの見方が安定していきます。続けることで、子どもとの関係性が生まれ、信頼が育まれるようになります。

100均に走れば明日からでも実践できるので、そっとポケットに忍ばせてみませんか。

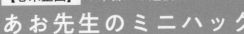

HACK 05

タスク管理のためのデジタルツール

全員に向けておすすめできるものでもないのですが、第5章で書いたタスクデザインを続けるためのデジタルツールをご紹介させてください。それが、タスクシュートです。ボクはこのツールに出会って人生が激変しました。すぐには取り入れることは難しくても、みなさんに紹介だけはしたいと思います。

タスクシュートを行うツールはいくつかあるのですが、ボクが愛用しているTaskChute Cloudは、スマホでもPCでも使うことができる月額有料のアプリです。

デジタルで管理することのよさとしては、**ルーティンの追加が容易なこと**です。毎日繰り返すルーティンタスク、手書きだと毎回書き入れる、もしくは型をプリントして貼っておくなどが必要です。しかしデジタルだと自動作成してくれます。あらかじめ設定しておけば、週末のみの作成や、月末タスクの作成、3日おきの作成など、自在に使うことができます。ルーティンがどうなっていたっけ?ということに脳を使わなくてもいいようになるのは非常にありがたかったんですね。

後は、デジタルの素晴らしいところとして、**全部のやることを把握しながら、今やることのみを表示する機能があるということ**です。ボタンひとつで、今やることだけを限定してみることもできます。表示の切り替えが多彩にできます。それによって、安心して集中することができるんです。

そして TaskChute Cloud が優れている点は、**何を何分やったかが自動記録されること**です。自分がそのタスクに使った時間が記録されるんですよ。タスクの平均時間なども自動で出されるため、それを新しい見積時間にすることができて、1日の仕事量を正確に測ることができます。**デジタルツールはログを取るのにも適しています**。

繰り返し言いますが、あなたにいきなりはおすすめできません。ボクが今からスタートするなら、まずは Notion などのデジタルツールを使ってやってみます。

紙でできることとデジタルでできること、それぞれの得意分野があります。でも使ってみないとその恩恵がわからないのも事実です。ボクは TaskChute Cloud に出会ってから人生がさらに好転するようになりました。時間の使い方、自分のエネルギーのコントロールがさらに正確にできるようになったからです。

自分にはデジタルを使いこなせないから…と言うのは簡単です。ただ、ボクらは使いこなせないものを学習して使えるようになってきました。自転車の乗り方も、本の読み方もそう。それと何が違うのでしょうか。食わず嫌いをせずにデジタルツールにもぜひチャレンジしてみてくださいね！

HACK 06

マインドフルネスという武器

ボクは10年ほど前からヨガを毎朝続けています。

ヨガを続けているのはいくつか理由があって、一番大きな理由が、**身体と心の気持ちよさを味わえるから**です。海外旅行の際にホテルの1時間でのヨガに参加した時、身体の心地よさを味わいました。実はアキレス腱断裂という大怪我の直後だったので、身体を柔らかくしたくて、ストレッチなどは入念にしていたのです。でも、ヨガで感じたのは、身体以上に心の心地よさでした。

その後すぐにやらないのがボクの気まぐれなんですが、しばらくしてからアプリを使ってヨガをやってみることに。すると、**体調不良も改善してくれるということがわかりました**。頭痛持ちだった自分は、なかなかコンディションが整わない日がありました。そんな日でもヨガをすると、80点ぐらいのコンディションに持っていくことができます。朝身体を動かして全身に酸素を取り入れると、身体が本当に元気になるんです。

その後、ヨガだけではなく瞑想にも興味をもちました。今年の7月にはヨガインストラクターの資格を取得。この本が出版される頃にはマインドフルネスインストラクターの資格も取得予定です。

マインドフルネスで大事なポイントは、「今」に心を置くこと。過去への後悔や未来への不安があると、人はいろんなことを考えてしまうのですが、実際に生きているのは、変えていけるのは「今」だけです。そんなことを大事に毎日マインドフルネスに取り組んでいます。

　みなさんにも実践できそうなこと、それは**疲れたなぁと感じた時に、ゆっくりと呼吸をしてみること**です。ただ呼吸をする、これがいかに難しいかがわかるでしょう。ゆっくり息を吸って、ゆっくり息を吐く。慣れてきたら鼻だけでやってみましょう。10秒で吸って10秒で吐くぐらいがよいでしょう。やっているといろんなことが頭に浮かんでしまいます。人間の思考って、すぐに今じゃないところにいこうとするんです。スマホを触った瞬間に、なんとなく数秒先の未来に思いを馳せていますし、すぐに心配事が浮かんでくるでしょう。そんな時は「あ、浮かんできちゃったな」と思って、呼吸に戻ります。スッと戻るだけ。浮かんでくるのは自然なので悪いことと思わないでください。

　そうやっているうちに、ふっと心も体も整ってくる感覚が生まれます。**一番試してほしいタイミングは、放課後、子どもたちを下校させた後**です。ボクもたった5分ほどですが、ゆっくりと呼吸をすることを心がけていました。一人呼吸している姿はちょっと怪しく見えるため、廊下から覗いてくる同僚には十分に気をつけてくださいね（笑）。

HACK 07

音声入力を活用する

10年前ではできなかったこと、その一つが「音声入力」です。ボクはこうやって文章を書く仕事もしているわけですが、今では音声入力に頼る部分も増えてきました。

何に活用しているかというと、**1日の終わりの振り返りを音声入力で取っている**んですね。放課後って疲れているじゃないですか、そんな時にパソコンに向かってもなかなか文章は浮かんできません。だったら翌日に回そう…。としても、次の日には忘れていることがほとんどです。

だから、音声で入力するんです。疲れていても、話すことはできるから不思議です。軽快に話していても、うまく認識してくれるようになりました。普通の話すスピードで変換されていくのを実感できるでしょう。いい時代になりました。

帰りの車の中で、音声入力で今日の振り返りを取ることは、この3年間の日課となりました。最初は誤字脱字も多かったですが、この3年でそれすらもだいぶ改善されています。自動で句読点が打たれるぐらいまで精度が上がっているため、利用しない手はありません。

特に書くことが集中する時期には、音声を利用しています。たとえば通知表の所見ですが、音声であればちょっとした場でも入力することができます。飽きたら音声を使うなどするとよい休憩にもなりそうです。

ちょっとしたメモや、長い文章の下書きのためのアイデアのようなシーンでは、音声入力が活用できそうです。高度なアプリはまだ有料ですが、iPhone のマイクマークを押して取ってみるだけでも、すぐに試すことができます。iPhone ユーザー以外だと、Google 音声入力がかなり優秀だと聞きました。そっちを試してみるのもいいですね。

音声入力で大事になってくるのが問いです。空白にただしゃべって入力すると飽きてしまうので、問いがセットになっていると有効です。

ボクは、Google フォームを活用して入力しています。「一人ひとりの子どものことで気づいたことは？」「全体を振り返ってみて心に残っていることは？」「心がざわざわしたことは？」などの問いをフォームに用意しておきます。フォームに入力すると、スプレッドシートにまとめてくれるので、後で活用しやすいのです。これが現時点でのベストです。まだまだよい方法があると思うので、これからも探っていきますが。

書くという仕事の中に、いかに書くことを取り除いて楽しめるか、そんな遊び心が先生の仕事にも必要です。ボクがライティング講座を開いているのも、先生の仕事と書くことは切っても切り離せないからです。音声入力をやったことがない方は、ぜひ試してみてほしいと思います。

HACK 08

教室に置きたい必須アイテム一覧

最後は教室に置いておきたい必須アイテム一覧をご紹介します。

・シャベリカ
・ウブンツカード（または、ドブル）
・薄型ホワイトボード（欧文印刷）
・オリジナルハンコ

前半の2つはカードになります。シャベリカは、席替えや朝のペアトークにうってつけ。高学年での使用になりますが、とても便利です。トークテーマとトランプが一緒になっているため、懇談会ではグループ分けとアイスブレイクに大活躍でした。

またウブンツカードも愛用していました。同じものが1枚だけ存在するカード、一緒に見つけると嬉しくなるんですね。ドブルも同じカードです。

これらのカードはコミュニケーションを助けるカードでもあります。初めましての時のぎこちなさってあるじゃないですか、そこに身ひとつで飛び込ませるってかなりハードルが高いんですよ。でも**モノが間にあるとコミュニケーションは滑らかになる**んです。友達との間にカードが1枚あるだけで、ガラッと変わります。

またコミュニケーションの面で言うと、ヒミツキチでも大活躍しているのが、薄型のホ

ワイトボードです。欧文印刷さんのものなら、班の数分、容易に揃えることができておすすめです。

たとえば何かのリハーサルをしている際に、そのまま言葉でフィードバックを伝えてしまうと、受け取れない子っているじゃないですか。ボクもそんな子だったので、気持ちはよくわかるんです。**そんな時に間にホワイトボードがあると、正対しているのではなくて、同じものを目指しているイメージに変わります**。両者が目指したいものをしながら、一緒にアイデアを出し合っている感じになる、モノがもつ不思議な力です。

最後にオリジナルのハンコです。ボクは毎年オーダーメイドでハンコの依頼をしていました。デザインはクラスの子たちから募集して、投票で決まります。「あおやまーくは必ず入れてね！」など要望は出しながら、アイデアを募っていました。クラスのキャラクターなどがある時は、それをハンコにするのもよいでしょう。今は3Dプリンターで容易にハンコがつくれる時代、10年前と比べても低価格で作れちゃいますよ。

教室に常備しておくアイテムというのは、いろいろなものを試して残ったものです。多すぎてもダメだし、まったくなくてもいざという時に困ります。厳選されたものを残していくためにも、まずは先生がいろいろと試してみてください。

おわりに

先生の仕事、やりがいは何にある?

先生の「仕事」のデザイン、いかがだったでしょうか。

自分の中で経験してきたことを中心に、仕事をデザインすることについて書いてきました。若手の先生が、前を向けるきっかけになれば心から嬉しいです。

世の中の多くの人が、簡単にできること、成果が上がることに引っ張られている気がしているのはボクだけでしょうか。

明日に使えるものが知りたい。すぐに簡単にできることが知りたい。

短い単位での発信にいいね!が集まるのも、当然の流れだと思っています。

だけど、先生としては、本当にそれでいいのでしょうか。

先生という仕事は、子どもたちの『未来』を願い、自分の『過去』(経験)を生かして、子どもと一緒に『今』を創り出す仕事です。そんなボクらが明日できること、すぐに効果が上がることに奔走していていいのでしょうか。

仕事をデザインする必然性を感じたのは、例外なく教室がうまくいかなくなった時です。うまくいった時は、流れを変えずに打っている手を続けていけばいいのですが、うまくいかなくなった時に、本気で考え出すんですよね。

辛かった日々を思い出すと、踏ん張ったときに新しい何かが生まれてくるんです。**自分の在り方を変えないと、何かを変えないといけないなと感じる。先生としての成長はそんな時に起こります**。

充実した「今」をつくるためには、願っている未来をイメージし、シンプルな打ち手を続けなくてはいけません。

そこには短期的なものの見方ではなく、中・長期的な見方が必要になります。体にいいものを食べて健康に過ごしたいと思ったら、今日のランチだけ変えてもしょうがないのです。未来の健康な姿を思い描きながら、毎日続けられる食事として何がふさわしいかを真剣に考えるでしょう。

教育もそれと一緒だと思っています。長期目線が大事。短期的に効果が上がることは、クラスが変わり先生が変わると、効果が落ちてしまいます。

時間を味方につけること、それでこそ子どもたちに効果があることがデザインできます。

子どもたちに中・長期的に意味があるものを、子どもたちと一緒につくっていく。

先生の仕事のやりがいはここにあるのではないでしょうか。

子どもたちにベクトルを向けて居場所をつくる

もう1つお伝えしたいことがあります。

ボクは2020年の3月に公立小学校の教員を退職し、オルタナティブスクール「ヒミツキチ森学園」のグループリーダーとなりました。

教員を退職するのに、教員の仕事が辛かった、嫌だったということは一切なく、新しい場所へと挑戦してみたかった、先生をずっと続けていくのに、一度外に出てみたかったというポジティブな理由からでした。

中には、素直に想いをぶつけてくれた友人もいました。

「公立からいなくなって、正直違う場所の話で残念です」と面と向かって言われたことも。確かにその友人の気持ちもわかります。

でもね、ボクは思うんです。**教員じゃなくなったとしても先生であることには変わりはないと。**

外で違うことをやっているという感覚も全くないのです。

教員の時に培ったスキルは今でもたくさん生きているし、目の前の子どもたちのために全力を尽くしているのには変わりありません。

「分断を生んでいるのは人」、そう思うんです。

子どもは先生がどうとかは関係ありません。子どもたちは居場所に飢えています。

ボクが教員をし始めた15年前より、学校という場所に居づらさを感じている子どもたちは増えています。それは学校が悪いのではなくて、社会が変わってきているからです。

変化に対応しようと学校が努力を重ねているのももちろん知った上で、ですが、子どもたちの居場所は多くあった方がいい、ただそう思うのです。

教育に関わるすべての人が、手を取り合いながら子どもたちを支えていけたらと心から願っています。

自分にベクトルを向けるのではなくて、子どもたちにベクトルを向けたら、どこで何をやっているかなんてこだわらなくていい。

そう子どもにベクトルを向けている人とは、今でも関係なく付き合いが続いています。そして子どもたちにベクトルを向けながら、自分自身も変に人と比べることなく、自分の強みを生かし、先生をしていく……。そんな軽やかに先生をする人を全国に増やしたい、ボクはいつもこのビジョンに戻ってきます。

この本は、そのビジョンに向かっていくための大切な一歩だと思い、必死にもがきながら、一字一字を書いてきました。

ボクは公立という現場が好きで好きでたまらなかった。現場が今も大変なのはわかっています。でも出たからこそ、見えることがあります。変わらないものもあります。そんな経験をこれからも誰かに届けられたらいいと思いますし、そういう活動を続けていきます。

この本を執筆する上で、お世話になった方がたくさんいます。

みんなのオンライン職員室で「先生のためのライティング講座」を2期にわたっておこなったのですが、その受講生のみなさんには、いつも明治図書さんの連載の相談に乗っていただいていました。そこでの理論の構築がこの本の土台になっているのは間違いありません。みなさん本当にありがとうございました。

そして「あるといいながある 横浜shares」のみなさん、みなさんと切磋琢磨した10年があるからボクは先生としても成長させてもらいました。一緒に仕事をした同僚のみなさん、貢献よりも迷惑が多かったかもしれませんが、たくさんのことを学ばせてもらい、感謝しています。いつかこの本が届いたら嬉しいな。

そして明治図書の新井皓士さんには、大変お世話になりました。連載から今回の出版まで全く未経験のボクの悩みに、根気よく寄り添ってくださいました。フィードバックも的確で、最後まで信じて下さっているのが伝わってきて、新井さんのおかげで書き上げることができました。

さらにはヒミツキチ森学園のちほやん、みっちゃん、まみちゃんには、いつもお世話になっています。最高の仲間と巡り会えたおかげで、ボクはいつも楽しく先生をしていることができるし、この本も一定のペースで書き上げることができました。本当にありがとう。

最後になりますが、家族にも伝えさせてください。

いつもボクの連載が載った本を手に取り嬉しそうに読んでくれる両親、貴重な夏休みに執筆に篭っていても、あたたかく応援してくれた娘たち。そして現職の教員でありながら、迷った時はいつも相談相手になってくれる妻。家族がいるから、筆が進まない時も、あと一歩を踏ん張ることができました。

そんな家族に初の単著を届けることができて嬉しいです。

「30歳で単著を書く」と、手帳に書いたいつかの夢は、11年遅れましたが、形にすることができました。これもデザインした結果、生まれたものです。多くの人に感謝しながら、また丁寧に前へ前へと進んでいきたいと思います。

青山　雄太

【参考文献一覧】

・ピーター・M・センゲ『学習する組織』（英治出版、2011）
・岩瀬直樹、ちょんせいこ『よくわかる学級ファシリテーション② 子どもホワイトボード・ミーティング編』（解放出版社、2011）
・岩瀬直樹、ちょんせいこ『「振り返りジャーナル」で子どもとつながるクラス運営』（ナツメ社教育書ブックス、2017）
・西村敏雄『どうぶつサーカスはじまるよ』（福音館書店、2009）
・長谷川義史『いいからいいから』（絵本館、2006）
・マシュー・サイド『失敗の科学』（ディスカヴァー・トゥエンティワン、2016）
・プロジェクトアドベンチャージャパン『クラスのちからを生かす』（みくに出版、2013）
・キャロル・マックラウド『しあわせのバケツ』（TOブックス、2011）
・ドナルド・O・クリフトン、トム・ラス『新装版　心のなかの幸福のバケツ』（日本経済新聞出版、2022）

・フランクリン・コヴィー・ジャパン編著『人生は手帳で変わる　改訂版』（キングベアー出版、２０１０）
・スティーブン・R・コヴィー『完訳　7つの習慣　人格主義の回復』（キングベアー出版、２０２０）
・フランチェスコ・シリロ『どんな仕事も「25分＋5分」で結果が出る　ポモドーロ・テクニック入門』（CCCメディアハウス、２０１９）
・マーク・フォースター『仕事に追われない仕事術』（ディスカヴァー・トゥエンティワン、２０１６）
・菅野仁『18分集中法』（ちくま新書、２０１２）

【著者紹介】

青山　雄太（あおやま　ゆうた）

ヒミツキチ森学園 グループリーダー

1981年横浜生まれ横浜育ち

15年間、公立小学校教諭を務めたのち、2020年に神奈川県のオルタナティブスクール、ヒミツキチ森学園（一般社団法人PLAYFUL）にてグループリーダー（担任）に就任。

「自分のどまんなかで生きる」「幸せな働き方を広め、軽やかに先生する人を全国に増やす」「家族、仲間、出会う人の未来と可能性を信じ、Win-Winをつくる」をビジョンに、幅広く活動中。

月10万回以上読まれているブログ「あお先生の教育らぼ」を運営する他、先生向け講座の講師やファシリテーター、現職の先生やオルタナティブスクールのカリキュラム等のコンサルなど、コミュニティをつくり教育関係者の手助けをしている。

ヨガ、手帳、タスク管理など、軽やかに先生するための働き方を実践・探究する。

2022年には「横浜をつなげる30人」３期のメンバーとなり、地元横浜のためにできることを模索中。

先生が知っておきたい 「仕事」のデザイン

教師１年目から１年間の見通しがもてる思考法

2023年１月初版第１刷刊 ©著　者　青　山　雄　太

発行者　藤　原　光　政

発行所　明治図書出版株式会社

http://www.meijitosho.co.jp

（企画）新井皓士（校正）宮森由紀子

〒114-0023　東京都北区滝野川7-46-1

振替00160-5-151318　電話03（5907）6701

ご注文窓口　電話03（5907）6668

＊検印省略　組版所　株式会社アイデスク

Printed in Japan　ISBN978-4-18-330029-4

もれなくクーポンがもらえる！読者アンケートはこちらから →

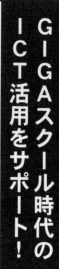

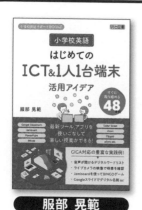

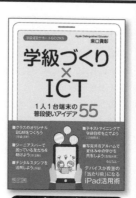

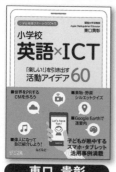

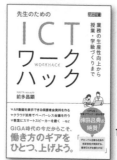